顧客起点思考と集合天才が
会社を強くする。

人が育つ会社 育たない会社

株式会社チームエル
代表取締役
堀越勝格

株式会社チームエル
HRMシニアマネージャー
江藏直子

株式会社チームエル
セクションマネージャー
矢澤知哉

時事通信社

人が育つ会社、育たない会社

顧客起点思考　集合天才　理念経営

はじめに

あなたの会社には、人材が集まり、人材が育ち定着する「仕組み」がありますか？

経営者であるあなたは、人材が成長し、共に成果を挙げてくれることの喜びを感じていますか？


「本当に欲しい人材がなかなか集まらない」

「せっかく採用した人材が、すぐに辞めてしまう」

「人を育てる方法がよく分からない」

「社内の雰囲気が良くない。一体感がない」


そうした「人」に関する悩みは、今、あらゆる業界の多くの組織にとって極めてシビアなものとなっています。

言うまでもなく、今は少子高齢化・人口減少時代の真っ只中。もちろんこれから先の未来も、「人がいない」時代であることは変わりません。企業にとって働き手は極めて貴重な存在であり、特に中小企業の場合は、一緒に働く仲間の確保には会社を挙げて取り組まなければならないでしょう。

では、〝本当に欲しい人材〟とは?
あなたにとってのそれを明確にし、そして人材が集まり、人材が成長できる良い文化が築かれた組織をつくり、人材を定着させることが、本書のテーマです。

「チームエルには良い人材が集まりますね」
「採用活動がスムーズですね」
「本当に会社の雰囲気がいいですね」

おかげさまでクライアントや関係者の方からそのように言っていただくことがしばしばあります。

これは本当にうれしいことなのですが、実はそのような姿になるまで、そして本書で紹介するノウハウを確立するまでには、さまざまな苦労がありました。

自動車業界を中心にコンサルティング業務を行う私たちチームエルは２０１２年、経営難の事業を引き継ぐかたちで発足しました。

急な引き継ぎによって、すぐに深刻な資金難に。幹部の給与は常に遅れ、賞与を出すこともままなりませんでした。金融機関からも取引に応じてもらえず、財務再建の専門家からは「一度倒産したほうがいいのでは？」と言われました。当時の決算書の「現金及び預金」の欄はわずか７万８６３３円でした。本当の話です。

お金の問題だけでなく、人も辞めていきました。

顧客に頭を下げて借金をし、絶望を感じながらも銀行に通い交渉を続け、必死で財務を再建した結果、経営は何とか立ち直り、また新しい事業モデルの創出によって業績はアップし、現在、多くのクライアントからの支持をいただいています。

この困難の中で実感したのが、まずは顧客との絆の大切さ。応援してくれる人に誠実に向き合うこと、役に立とうとすることがどれほど大事かを実感したものです。

そして、それを実現するための「仲間」の大切さ。これが私たちの「理念」に基づいた人材集め、チームビルディングの仕組みづくりの始まりです。

「社員が一丸になって、目標に向かって突き進む」

言葉にすれば簡単なことですが、これは一朝一夕に成されるものではありません。同じ目的地を目指してくれる人材に集まってもらい、その人材の成長を手助けし、仕事の喜びを知ってもらう……。そのためには、経営者の思いがすべての社員に浸透していて、組織に心理的安全性をもたらすカルチャー、人が育つ仕組みが必要なのです。

このことに気付き、さまざまな試行錯誤の末にかたちになったのが、これからお話しする私たちの実践です。

もちろん、経営は単なる道徳ではありません。二宮尊徳の言葉にあるように、「経済なき道徳は寝言」。顧客の役に立つこと、人を育てることが業績に結び付かなければ、経営の意味はないでしょう。

しかし、その経済活動のエンジンとなるものはといえば、それはある意味、道徳と捉えられるかもしれない「理念」だったのです。

「理念」とは決して会社にとっての〝お飾り〟ではなく、人が育つことの最重要要素である、ということが、本書でお分かりいただけるかと思います。

第1章では、組織を回していく仕組みの起点であり、採用活動、人材育成・定着活動の要である「理念」についてお話しします。

第2章では、「本当に欲しい人」に来てもらうための仕組み……「採用活動」について、私たちの実践に基づきお話しします。

第3章では、スムーズな採用面接のノウハウ、そして大切な人材が定着するためのさまざまな仕組みを紹介します。

第4章では、人材が大きく成長していくための評価制度や、大切な考え方についてお話しします。

「理念」があり、その理念に基づいた「採用活動」を実施し、「理念」に則った「人材育成」の仕組みをつくる……。本書ではそうした一連のサイクルを紹介するものです。

難しい話は一切ありません。どんな会社であれ、今すぐに取り組めるノウハウを公開しています。

なお、本書は私・堀越勝格の語りという体（てい）で書かれていますが、実際にはクレジットをご覧いただいてお分かりのように、チームエルメンバーの江蔵直子、矢澤知哉とともに編み出した共著書です。

江蔵はチームエルの採用・研修担当者として多くの人材を獲得し、その育成までを手掛けた者。矢澤は若手社員のリーダー的存在として社内の環境づくりを牽引する者です。本書で紹介するノウハウは、チームエル全体で築き上げた「集合天才」の賜物であり、両名はその代表者という立ち位置です。

本書のノウハウを基に、あなたの会社が本当に欲しい人材と出会い、そしてその人材が成長することの喜びを知っていただければ幸いです。

さっそく始めましょう！

２０２５年２月

堀越　勝格

CONTENTS

PART 2 採用が会社の将来を決める

PART 3 面接は全力で取り組む

PART 4

会社は社員がすべて

各パート　まとめ

「始めよう！」「アクション！」

「パート1まとめ」等

PART1

☑ 理念とは経営者の「絶対に譲れない価値観」です。

☑ 経営者であるあなたは今ある自社の理念に「忠誠」を誓い、理念を「体現」していますか。理念が単なる〝お飾り〟になっていませんか？　今一度考えてみましょう。

☑ 理念の源泉は経営者の「胸の中」にあります。経営者であるあなたは自らの人生経験に改めて向き合わなければなりません。自分の人生の「棚卸し」に着手しましょう。

☑ 「自社に合った人材」「本当に欲しい人材」とは、どんな人材ですか？　想像してみましょう。

PART2

☑ あなたの会社は後になって双方に悲劇を招く「とりあえずの人材採用活動」「誰でもウエルカムの採用」を行っていませんか？　幹部社員と共に、これまでの採用活動を改めて振り返ってみましょう。

☑ 客観的な「人を見る目」を持つ「採用担当者」を任命しましょう。その人材はもちろん会社の理念を理解し尽くした人材でなければなりません。

☑ 自分で棚卸しした人生の価値観を分かりやすい言葉で明文化しましょう。これが理念の基となります。明文化が難しいときは、幹部社員やコンサルタントの力を借りましょう。

☑ 明文化された理念は、必ず全社員に伝えて共有、周知させる事が大切です。

☑ 〝本当に欲しい人材〟を具体化するために、理念に基づいた「理想の人材プロフィール」を作成しましょう。これが募集活動のスタートとなります。

PART3

- ☑ 採用面接はあなたと理念を共有する大切な仲間との「出会いの場」です。面接当日は0＋3つのステップで進行させましょう。
- ☑ 全社員が応募者へ向けてウエルカムの姿勢を取れていますか（ステップ0）
- ☑ 相手に「見極めてもらう」ために自社の情報を伝え、この会社で働くイメージを鮮明に持ってもらいます（ステップ1）
- ☑ 面接者は質問に対する応募者の返答を〝深掘り〟すること。そのためには「尋問形式」ではなく、「対話形式」で会話のキャッチボールを楽しみましょう。時間は2時間オーバーとなっても構いません！（ステップ2）
- ☑ 「あなたはどう思っていますか」「何か不安なことはありますか」と相手に確認し、仮クロージング。「この人材は良し！」と思ったら、即仮クロージングに進みましょう（ステップ3）。
- ☑ クロージングに成功した後も相手との接点を絶やさず、相手の気持ちをキープするようにしましょう。

☑「連帯感を高める仕組み」の実践で新人に定着してもらいましょう。「ウエルカムパーティ」「定期面談」「若手社員の組織」「中期経営計画発表会」「社員旅行」などの実践を計画しましょう。

PART4

☑大切な人材を預かるために必要な「組織の前提条件となる労働環境」と「職場での信頼関係のベースとなる心理的安全性」を見直しましょう。

☑評価制度でフォーカスすべきは、人材の「成長度合い」です。あなたの会社の評価は、業績オンリーになっていませんか？

☑表彰制度は社員の活動、活躍の「見える化」の場です。現場の声を集め（他薦）、会社が社員一人ひとりをいつも見ているということを示しましょう。

☑「集合天才」を目指しましょう。そしてその考えを全社員に伝え、「もっと成長できる自分」を実感してもらいましょう。

☑「やりがいのある仕事」「楽しい仕事」を実践してもらうために「顧客起点思考」を徹底しましょう。お客様を（そして仲間を）喜ばせ、感謝してもらうことが大きなモチベーションになると日々の仕事で体感してもらいましょう！

PART 1

会社の理念を定める

すべての始まりは「理念」から

「会社の理念」

「経営理念」

あなたはそんな言葉を聞いて、どんな印象を受けるでしょうか？

「〝昭和の会社〟にありがちな、お題目のようなもの」

「社会活動に対してのアピール」

そう感じる人もいるかもしれません。

あるいは、毎朝の朝礼で社員一同、唱和する訓示。

そんなイメージを持たれるかもしれません。

「理念」

この字面や語感から、精神的な、そして何か崇高な概念のように思われるかもしれません。

しかし、私たちの考える理念とは、もっと自然で、かつ、もっと（組織運営の上で）機能的な役割を持つものです。

「経営者が持っている価値観と（会社を運営している）目的」

ずばりこれが、経営理念です。

もっと言うならば、経営者の〝絶対に譲れない価値観〟

たとえ「この価値観を崩さないと会社が傾くかもしれない」という事態に陥っても、それでも貫き通さなければならないと思えるほどの、強固な価値観です。

言い方を替えれば、経営者の生き様みたいなものでしょうか。

この生き様＝理念が明確に定められているからこそ、組織は「経営者が思っているように」正しく回っていくのです。

理念にふさわしい人材を採用でき、その人材が理念を体現する働きを見せる……。

後で詳しくお話ししますが、そのためには「理念に基づいた人材募集・採用」「理念に基づいた人材育成・評価制度」の仕組みづくりが必要となります。

経営者にとってのバイブルともいえる本に、『ビジョナリーカンパニー』シリーズがあります。そのシリーズ2作目『ビジョナリーカンパニー② 飛躍の法則』（ジェームズ・C・コリンズ著 山岡洋一訳 日経BP刊）の中に、「適切な人をバスに乗せる」という言葉が出てきます。

「偉大な企業への飛躍をもたらした経営者は、まずはじめにバスの目的地を決め、つぎに目的地への旅をともにする人びとをバスに乗せる方法をとったわけではない。まずはじめに、適切な人をバスに乗せ、（中略）その後にどこへ向かうかをきめている」

（『ビジョナリーカンパニー② 飛躍の法則』より引用）

経営者であるあなたにとっての〝適切な人〟とは、どんな人でしょう？

それは一般論的に「こんな人だ」と一概に定義できるものではありません。十の会社があれば十通り、規模の大小にかかわらず、「自社（同じバスに乗る）にふさわしい人」が存在します。

そうした人を見つけ、確実に採用するためには、まずあなた自身が走らせるバスに乗ってもらう人の姿、絶対に譲れない価値観を明確に定めておく必要があります。

それが、この本でいう「理念」です。

理念を中心として、募集、採用、人材育成、さらには企業の文化づくりの仕組みが成立するのです。

本気の理念と本気の行動に忠誠を誓う

経営者にとっての「絶対に譲れない価値観」「この価値観を崩したら会社が傾くかもしれない、という事態に陥ってもそれでも貫き通すこだわり」

理念というものを極端にいえば、そういうものでしょう。

現実の経営においては、時に臨機応変に価値観や考え方を変え、時代や市場、顧客に対応しなければならない場面があるかもしれません。

しかし何があっても、理念は貫き通すものなのです。

よくビジネスで使われる言葉に「ミッション」「ビジョン」というものがあります。

ミッションとは、会社側にとって大切な関係者（ステークホルダー）への役割であり、会社

の存在意義のことです。

ビジョンとは、ある一定期間の後に会社がどのような姿でありたいのか？　つまり「こうなっていたい」ということがビジュアルで表せるものです。

これらは時代背景や会社の成長度合いによって、変化していくこともあるでしょう。しかし「理念」は、前述のように「絶対に譲れない」ものです。

従って、時代の雰囲気によって簡単に変わるものではありません。

理念の生みの親である経営者は「理念の体現者」としての姿を、メンバーの規範となるべき経営陣は、理念に「忠誠」を誓わなければなりません。

理念に背いた行動をした際には、役職などに関係なく、すべてのメンバーから「それは違う」と指摘されることになり、自らの間違いを正さなければならないのです。

もっと端的に言えば、理念は会社にとって「経営者よりも上位にある概念」と捉えるべきでしょう。

従って、理念に基づいた経営を志すのであれば、自社の人材のみならず、顧客・取引先に関しても「自分たちの理念に本当に合っている相手か？」「理念に背くような行動をしなくて済むか？」を考えるべきです。
時にそれは経営者にとってはもちろん〝痛い〟決断になり得ます。
でも、やらなければいけないのです。

もう一つ、ここで伝えなくてはいけないことは、理念というものを「絵に描いた餅」「経営に対して意味を持たない美辞麗句」にしないでいただきたい、ということです。
「理念はすべてのサイクルの初めにある」

もちろんその先に目指すところは、ずばり会社の成長です。

理念の存在が会社の成長に関与しないのであれば、そこに意味はないのです。
理念に忠誠を誓う。
理念の体現者となる。
これらはすべて「ビジネスを回していく」上で重要なファクターなのです。

組織を回す幸せのサイクルはありますか？

（理念のある会社　ない会社）

今、日本のビジネス界における最大の問題の一つは「人材不足」でしょう。「人が採れない」「人が足りない」「人が定着しない」という悩み、焦りの声は、規模の大小や業界を問わず、あらゆる企業から聞こえてきます。

極めて切実な人材の問題。言い換えれば、この問題をクリアし、自社にとってふさわしい人材を採用できて、その人材が会社を愛し、顧客を愛し、辞めずに定着してくれて、そして業績アップに貢献できている会社は、今後生き残っていくことができるはずです。

しかし、そうではない会社はどうなるのでしょう。

残念ながら、成熟の段階に入り、これから縮小が始まることが予想される日本のマーケットの中で競合との争いに力及ばず、淘汰されていく運命なのかもしれません。

どれだけＩＴ技術が発達してＤＸ（デジタルトランスフォーメーション）が加速したとしても、組織を構成するのは人です。商品・サービスを創り、売るのも人。それらをコントロールするのもまた人。

もちろん「人材採用さえうまくいけば、経営はすべてＯＫ」という訳ではありませんが、人材が揃わなければ何も始まらないということは、お分かりいただけるかと思います。

しかしながら、「人が採れない時代」という現実は、自らの手で変えられるものではありません。かつてのように「ああ、彼は辞めるのか。じゃあすぐに新しい人材を採用しよう」といって、すぐにそれができるような世の中ではなくなってきているのです。

かといって「誰でもいいからとにかく人を採る」で、うまくいくはずがありません。

「営業担当が1人辞めてしまったから、とりあえず営業経験のある人材を募集しよう」

「もう数人は若手の社員が欲しい。とりあえずは新卒の採用かな」

「とりあえず真面目に働いてくれることが大事だから、真面目そうな人を採用しよう」

こうした考えだけで人を集めても、会社の持続的成長は期待できません。

では、経営者は「何を基準に」人に集まってもらい、採用すればよいのでしょうか？
それはずばり「（自社の）理念に合った人」です。

ですから、理念が定まっていない会社は、どんな組織を創ればいいかが本当の意味で明確にできないのです。当然、どんな人を採用すべきなのかも分からないのです。

理念のある会社は、自社の経営活動にふさわしい人材を集めることができ、理念に従った行動で業績をアップさせることができます。もちろん理念に共感してもらえる社員ですから、定着率も高いものとなります。

会社に集う「本当に欲しい人材」が、「経営者の理想」に沿った働きをしてくれるのです。

一方、理念が明確ではない（あるいは対外的な〝お飾り〟の理念しかない）会社は、「また人が辞めてしまった。早く人を採らないと」を繰り返します。そしてまた「どこかに〝優秀な人材〟はいないものか……」と嘆くことになるのです。

経営者としてのあなたにとって〝優秀な人〟とは誰でしょう?
それは自社の理念を共に実現してくれる人、です。

経営理念とは会社の究極のこだわりかもしれません（チームエルの理念を公開）

会社にとっての理念（経営理念／企業理念とも）の重要性について語ってきましたが、「じゃあ、あなたの会社の経営理念って、どんなものなんだ？」と思われる方もいるかもしれません。

ここで、僭越ながら私たち株式会社チームエルの経営理念を紹介させていただきます。

【チームエル　経営理念】

■ 関わるすべての人々に対して誠実である
■ 主体性の高い人材を育成し、仕事の喜びを世の中に広める
■ 環境適応し続ける企業を輩出し、社会に活力を与える

さらに一つひとつの文言に対する解説もしっかりと明文化されていて、社内のバイブルになっています。

■関わるすべての人々に対して誠実である

我々にとっての「誠実」とは、私利私欲（正当な対価以上の対価を求めたり、自分の都合を優先したりする）を交えずに、関わるすべての人々に対して、約束を守り、偽りを持たず、大切にすることである。

「誠実」であることは我々の「誇り」であり、誠実な仕事こそが誇れる仕事である。

会社の同志、クライアント企業、消費者、取引先など、関わるすべての人々に対して「誠実」でありたい。

我々は、社会に価値ある存在であり続けるために、「誠実」な姿勢を貫く。

■主体性の高い人材を育成し、仕事の喜びを世の中に広める

人生の大半の時間は「仕事」で過ごす。従って、充実した仕事ができていれば人生も充

実する。少なくとも、仕事が充実していないと、人生の充実は半減する。

主体性とは、自ら考え、判断し、行動することをいう。

高い主体性で仕事に取り組み続けることで、自分のできることが増え、顧客や同志など、他者の役に立てるようになっていく。他者の役に立ち続けると、やがて周囲の評価が高まり、感謝をいただけるようになっていく。これが仕事の喜びである。この喜びを世の中に広めることで、社会に貢献したい。

人が成長して主体性を発揮し、仕事の喜びを感じ、充実した人生を送ることに貢献するのが我々の無上の喜びである。

■環境適応し続ける企業を輩出し、社会に活力を与える

人が育ち、成長していくことが、企業の成長・発展につながる。

人材育成を通して企業の成長・発展に貢献することが我々の存在意義である。

世の中の企業が発展していく中、変化する環境に適応し、それ以上の発展を実現することが企業の存続につながる。

我々は、環境適応し発展していく企業を輩出することで社会全体へ貢献したい。企業に

活力があれば社会は元気になる。

少し長くなってしまいましたが、これが私たちの経営理念の〝中身〟です。

当然のことながら、これらの言葉は一般的な精神論、道徳論を説いたものではありません。

また、「社会からの評判が良くなるような」美辞麗句を並べ立てたものでもありません。

これは私たちの「この考えに共感してくれる人としか一緒に仕事をしない！（それは顧客に対しても、です）」という覚悟、あるいは〝究極のこだわり〟なのです。

「理念経営」には実は大きな覚悟が伴う
（経営者にとっての理念）

前項で紹介したチームエルの経営理念は、明文化に当たり、経営幹部とのミーティングを何度も繰り返して作成しました。

理念とは経営者よりも、企業のオーナーよりも上位の概念です。

経営者は理念に忠誠を誓わなければなりません。

お飾りではない、単なる会社のキャッチコピー的なものではない、大げさにいえば「会社のバイブル、憲法となる『魂の言葉』」を文章化するには、このくらいの手間は惜しめないのです。

では、そのそもそもの考え、源泉がどこにあるかといえば、それは「経営者の胸の中」

です。

会社のトップである経営者が、どんな思いで経営を続けていきたいのか？　経営において絶対に譲りたくない価値観は何か？

これから理念をしっかり定め直そうとするならば、経営者は自らの人生経験に改めて向き合い、自分の胸の内にある価値観の「棚卸し」をしなければなりません。

しかも、徹底的に。

時には辛い経験なども思い起こすことになるかもしれませんが、それでも覚悟を持って行うべきです。

例えばチームエルの経営理念の一つである「関わるすべての人々に対して誠実である」というもの。

かつて、私がコンサルタントとしての駆け出しだった頃のことです。

「もっと誠実に仕事をしたい」

そう思いつつも、自分のことを本当に信頼してくれていた方を裏切ることになり、深く失望させてしまったという経験がありました。

「もう仕事であんな苦しい思いはしたくない。自分の仕事に関わっているすべての人に対して誠実で、それが認められて、社会に価値のある存在であれば、それが最高じゃないか」

そんな思いから生まれた言葉です。

また、「主体性の高い人材を育成し、仕事の喜びを世の中に広める」という経営理念も同様です。

これもかつて勤めていた頃の話です。販売営業の仕事をしていた私は、そこそこの成績を挙げていたものの、うまくいかないことも多々あり、また、将来の目標もぼんやりとしたものでした。

置かれた状況に対して満足もできず、「このままじゃダメだよな」「何とかならないかな」と、鬱々とした毎日を過ごしていました。

そんなときにたまたま友人が「もっと勉強してみろよ」と渡してくれた本を読み、そこに書かれている「主体的であること」の重要性に大きな衝撃を受けました。

上司が悪い、顧客が悪い、社会が悪い。自ら行動しようとすることなく、受け身で、いつも何かのせいにしていた自分に気付き、主体的に行動することで状況は変わるということを知り、何だか霧が晴れたような気持ちになったものです。

「人が成長して主体性を発揮し、仕事の喜びを感じ、充実した人生を送ることに貢献するのが我々の無上の喜びである」……まさに私自身が経験した喜びを多くの人に（もちろん自社の仲間にも）味わってもらいたい、という思いなのです。

繰り返しになりますが、自分の棚卸しをする作業には覚悟が必要です。

そして、棚卸しから生まれた理念に共感した仲間を裏切らず、理念に忠誠を誓うことにも、大きな覚悟が必要なのです。

でも、理念に従ってくれた人々がハッピーに仕事をし、成長する姿を見ることは、経営者にとって〝無上の〟喜びであることは保証します。

（覚悟については「人材は社会からの預かりもの」に触れる際にも繰り返しお伝えします）

幹部社員は「歩く理念」であれ

（幹部にとっての理念）

明文化された経営理念＝会社のバイブルは、全社員に周知します。後のパートで詳しくお話ししますが、採用面接の際にも理念の話は重要事項として応募者に語りますし、その後の人材育成、実際の企業活動の際にも「最大のよりどころ」となります。

また、理念はパート、アルバイトといった属性の区別なく、チームエルの仲間として一緒に仕事をするすべてのスタッフに知ってもらっています。

とはいえ、理念を解説まで丸暗記させたりといったことは行っていません。理念は社員が「仕事においてどんな行動をすればいいのか」を明確に表す価値基準であり、判断基準です。

「理念に合っている仕事（行動）であれば、それは正解」
「理念に背くような仕事（行動）であれば、それはＮＧ」

端的に言えば、そういうことなのです。

「お客様からこんな要望があったんだけど、それについてはどうすればいい？」などとうれしいことに、社員同士で自主的に「理念の解釈」についてのケーススタディを行うこともあります。

（そうした姿を見ることもまた、経営者のとっては無上の喜びですね）

初めに理念を根本から理解、共感してもらうべき人、徹底的に理念を体現してもらいたい人は、「幹部社員」です。

サッカーに例えれば、チーム全体がどの方向に向かえばいいのか？　何を実現させるためのチームなのか？　を考えるのは監督の仕事。ビジネスでいえば、それは経営者でしょう。

しかし、実際にピッチの上でボールを蹴り、結果を出すのはプレイヤー。

このプレイヤーのリーダーの立場が、ビジネスでいえば幹部社員になります。

リーダーが何を考え、どんな行動をしているのか？

現場で働く社員は、当然社員たちの動きに目を配らせなければなりません。リーダーもまた、逐一リーダーを観察しています。

そしてこれは物理的に仕方がないことでもありますが、一人の経営者がすべての社員の考えや行動を常に観察するのは、なかなか難しいことです。

「自分（経営者）がいなくても、その人（リーダー）を見ていればおのずと社員がどう動き、どう判断すればいいかが分かる」

それがリーダー、役員からマネジャーまでの幹部の在り方です。

「リーダーが理念を分かっていなくても、その下の若手が理解していれば現場は大丈夫だろう」

残念ながらこれはまったく通用しないというのが、私たちの実感です。

社員は上司や経営者を通して会社を見ています。いくら理念に共感していても、幹部が理念に合わない言動をしていると、その社員も理念に合わない言動をするようになるか、優秀な社員ほど会社を見限って去っていくでしょう。

後で詳しくお話ししますが、だからこそ私たちは、幹部社員にこそ理念を完全に理解してもらうことに全力を尽くします。

幹部教育とはすなわち「理念の教育」

極端に言えば、幹部に対する理念教育のない「マネジメントスキル」の教育は、ほとんど効果がないとさえ考えています。

「人の上に立つ」幹部という役割は、決して簡単なことではなく、相当な「覚悟」が必要となります。

それは、いわば「社会からの預かりもの」である人材その人の「人生を背負う」という覚悟でもあるのです。

若手は頑張り方の「正解」を求めている

（若手社員にとっての理念）

「仕事のやりがい、働きがいって何だろう？」

「会社を成長させるために、自分はどんな役割をまっとうすればいいんだろう？」

「自己実現のために、どう行動すればいいんだろう」

「自分の仕事に〝誇り〟は持てているのだろうか？」


こうした、若手社員が考えるべきことの〝よりどころ〟となるのが、会社の理念です。言い方を換えれば、「どう（仕事で）頑張ることが正解なのか」を示すものともいえます。

従って、採用面接の際にも、そして入社後の研修期間にも、若手社員には理念について何度も話をします。

私自身が経営理念の存在の重要性、その実際の効果に関して強く意識したのはコンサルティング会社での経験によるものです。

中途で入社したその経営コンサルティング会社は、社員の誰もが理念に基づいて行動する組織でした。

例えば、チームエルの経営理念にある「主体性」という言葉。実はこの会社の理念にあったものを踏襲したものですが、そこはまさに「主体性を持った人の集団」だったわけです。

「出る杭は伸ばす」

「年齢に関係なくどんどんチャンスを与える」

当時の募集要項にもそんな言葉が並んでいたことを覚えています。

実際に働いていても、周りの人たちはみな前向きで、伸びやかでした。

「会社VS個人」という図式もなく、同じ目標に向かって誰もが助け合い、仕事に一生懸命向き合う人を茶化すような風潮などみじんもありませんでした。

何だか学生時代サッカーの部活でみなが一丸となって頑張って練習していた頃を思い出

し、とても心地よかったものです。

こうした経験からも、若手社員にとって「どう頑張ればいいのか？」を示すための理念の存在は、とても重要だと考えています。

そして、実は「若手の頑張り」こそが、組織を成長させる起点だということも私たちは実感しています。

なぜか？

若手が頑張る↓中堅社員がその頑張りをサポートする↓他人をサポートし、仕事を教えることで中堅社員も成長する↓組織全体が成長する

という良い循環が出来上がるからです。

価値観が多様化した現在、社員一人ひとりの目指すもの、働き方、頑張り方のスタイルも十人十色となっています。

組織全体の成長を考えるのであれば、若手社員に「頑張りの中身」を教えること、若手が頑張る環境をつくることは欠かせません。

そのために必要なのが、理念の存在です。

「数字のためだけに働きたくない」

「単なるコマとして勤めたくない」

これもまた個人の価値観の問題ですが、今、そう思う若い人がたくさんいること、やりがいを求める若い人がたくさんいることは、あなたも想像できるでしょう。

若手社員は「社会からの預かりもの」。その預かりもののやる気やエネルギーを引き出し、カタチにしてあげることもまた、経営者の大切な役割です。「どう頑張ればいいのか？」（行動指針）、「頑張りの果てに何が手に入るのか？」（評価基準）が明確な環境を全力で用意すること……今の経営者にはそんな取り組みが必要でしょう。

理念に従った経営は心地よいものです

「経営者が理念に忠誠を誓う」ことには、当然大きな覚悟が伴います。

「時には顧客対応において、例えば、利益を優先して消費者を欺くような行動をしなければならない」といった顧客とは、「取引をしない」選択も必要な場合が出てきます。

大きな売上をみすます逃すことになっても、です。

会社存続のためには致し方ないと思われる場合でも、です。

これは経営者にとっては本当に苦渋の選択かもしれません。会社にとってものすごい痛手になることかもしれません。

痛い、厳しい。でも、ダメなのです。

例えば「誠実」という理念の下に仕事をしている会社であれば、顧客の想いを裏切るようなこと、**他人から後ろ指を指されるようなことは、それが商習慣としてはあるようなことでも、絶対にやってはいけないことなのです。**

例えば「加盟店を集める」というチェーンストアビジネス。基本としてはエリア制であり、近くに同業の店があった場合は、そこに営業をかけることはしません。

しかし同エリア内に、どうしても「加盟したい」という有力店が出現した。

加盟を進めれば契約金によって会社の売上も大きくアップする。

でも、決まりごととしてエリア制がある。

さあどうする？　という葛藤は、チェーンストアビジネスにおいてはよくある話です。

しかし、「誠実」を理念としているならば、この場合はエリア内の加盟を既存店に無許可で進めること、あるいは強引に進めることは〝絶対に〟ダメです。既存店を裏切るようなことは〝絶対に〟してはならないわけです。

理念がブレている、あるいは理念がない会社であれば、現実問題としてここでとても悩むものです。ものすごい葛藤にさいなまれてしまうはずです。

ビジネスの成功のため、会社を大きくするため、決まりごとを崩すのも打ち手の一つ。

でも、理念に基づくことを最優先します。


するとどうなるか？


理念に沿った正しいことを迷わず決断ができるのです。

経営者としては「とても心地よく清々しい」のです。

たとえ社員から異論が出たとしても、堂々と説明、説得できるわけです。

なぜなら、理念に背くことはしないと誓い、社内にも周知しているからです。


覚悟を持って、一度「理念に忠誠を誓う」と決めてしまえば、意思決定において葛藤し、思い悩むことは少なくなります。

経営者、そして社員の誰もが「これが仕事の『正解』」というものを理解しているのです。

ここでは深く触れませんが、BtoB、BtoCにかかわらず、ビジネスの世界には、後々問題になったり、経営の足を引っ張ったりするような「やってはいけない仕事」「もらってはいけないお金」といったものが存在します。

そんな仕事をせずに済ませるためには、こうした「誠実」という理念が非常に役に立つのです。

理念とは、決して道徳的、精神的なスローガンではありません。

意思決定の際の判断基準であり、「これが正解」という見本として使うべきでしょう。

そうした際の「心地よさ」「清々しさ」を、ぜひ知っていただきたいのです。

「本当に欲しい人材」が集まる会社をつくるために必要なこと

突然ですが、会社の売上を伸ばすためには、何が必要だと思いますか。

当然のことながら、「もっと売上を伸ばしたい」「会社を成長させたい」という願いは、経営者であれば誰もが願うことでしょう。

ここには経営者である自分だけが豊かになるといった私利私欲ではなく、自社に関わるすべての人に幸せな人生を送ってもらいたい、という思いも含まれているはずです。

「人に喜んでもらいたい」

「自分の力で人を喜ばせたい」

決して聖人君子でなくても、そうした喜びを得たいという欲求は、経営者も持っているものでしょう。

自社の売上を伸ばすことは、多くの人を幸せにすることでもあるわけです。

少し話がそれてしまいましたが、売上を伸ばすために必要なものは何か？

私たちは、「会社の売上は、経営の戦略が時代背景や経営環境に合っていれば伸ばすことができる」と考えています。

■今の時代、今の環境に合った戦略がある

■その戦略を推し進めていくためのマーケティング活動、セールス活動、財務等に工夫を凝らす

■それらを上手に回していく

当然ですが、こうすることで、売上はおのずとアップしていきます。

つまり、今、会社の売上を伸ばすために何が必要かといえば、それは「戦略」というのが基本的な答えです。

ただし……。

その戦略が時代に合わなくなった場合や、経営環境に合わなくなった場合には、売上はそこから下降していきます。

じゃあそのような局面では、何をすればいいか？

そう、戦略の転換が必要なのです。

会社の戦略を、常に時代に合ったものにアップデートしていくのです。

これは一筋縄ではいかないものですが（戦略についてのお話はまた別の機会に）、それ以外にも会社にとって、そう簡単にアップデートできないものがあります。

それは「人材」です。

組織を構成し、戦略を遂行して売上を作る、人材です。

誰もが実感している人口減少、働き手不足の今の時代、自社に合った人材、本当に欲しい人材がすぐに見つかり、すぐに採用できて、すぐに大きな戦力となるべく成長してくれるかといえば……それは非常に難しいことでしょう。

そもそも、〝自社に合った人材〟〝本当に欲しい人材〟とは、どのような人なのか？考え抜いたことがあるでしょうか？

それは「理念に共感してくれる人」です。

売上を伸ばすための戦略も、会社の理念に基づいたものでなければいけません。理念があってはじめて戦略も考えられる、ということは、言わずもがなです。

会社経営のすべての起点となるのが、「理念」。

会社経営に欠かすことのできない「人材」は、理念の元に集い、理念があることで成長していきます。

次パートでは、理念に基づいた人材採用についてお話ししていきます。

PART 2

採用が会社の将来を決める

「こんなはずじゃなかった」の悲劇を起こさない（やってはいけない人材採用）

「チームエルさんには、本当にいい人材が集まりますよね」

クライアント、取引をしている方々から、そんなことをよく言っていただけます。恐縮してしまうのですがこれは本当にうれしいお言葉です。

もちろん私自身も、おかげさまで〝いい人材〟に恵まれて企業活動ができているという実感があります。

なぜ〝いい人材〟が集まってくれるのか？　なぜ、採用活動がスムーズにいくのか？お褒めいただくようなことが、もしできているのだとすれば、**それは、私たちが「採用活動」「人材集め」に、会社を挙げて尽力をしているからといえるかもしれません。**

人口減少で絶対的に「若い人がいない」時代。

自社に入社してくれる人、一緒に働いてくれる人、そして業績アップに向けて、会社の成長に喜んで貢献してくれる社員、会社の未来を担う社員は、極めて貴重な存在です。

かつて日本では「会社が人材を選んでいた」という時代がありました。しかし、誰もが感じているように、今は完全な売り手市場。「働き手が会社を選ぶ」時代です。

それでも大手の有名企業であれば、売り手である人材の方から進んで自社に目を向けてくれるかもしれません。

しかし、日本の企業の大半を占める中小企業では、それはなかなか難しいことかもしれません。

「募集広告さえ出しておけば、働きたい人は勝手に応募してくるだろう」

こうした考えが通用するほど世の中に人材があふれているなんてことはありません。

だからこそ、いい人材を獲得するための採用活動には、会社を挙げての尽力が必要なのです。

では、〝いい人材〟とは、どんな人なのでしょう。

■学歴が申し分なく、学業成績も優秀だった新卒
■コミュニケーション能力が高く、誰とでも打ち解けられる人
■自社の提示する労働条件（給与など含む）を文句なく受け入れてくれる人
■経験が豊富で即戦力となり得る人

さまざまな要素があるでしょうが、多くの人が考える〝いい人材〟とは、すなわち「（ビジネスパーソンとしての）スペックが高い人」という側面があるのではないでしょうか。しかし今、こうした人材とはそう簡単に出会うことはできませんし、そもそも条件だけで人材を見ていると、必ず後に悲劇が発生します。

それは「こんなはずじゃなかった」という悲劇。

これは会社側もそうですし、採用された応募者側もです。

「入社時に思い描いていた人材ではなかった／会社ではなかった」「こんなはずじゃなかった」

そうした悲劇が、早期退職を招きます。会社にとっては「多額の採用費用と手間を費やしたのに、無駄に終わってしまった」、応募者にとっては「大切な人生の時間を回り道してしまった」ということになるかもしれません。


「このあいだ1人辞めてしまったので、何とか、すぐに人が欲しい」

「現場には4人は欲しいところだけど、今、2人しかいない。あと2人欲しい」

などといって簡単に採用してしまうのはNGです。


「安直な採用、性急な人集めは、後に悲劇を起こす」

経営者はこのことを肝に銘じ、採用活動に力を注ぐべきなのです。

「何のために仕事を頑張るのか」は十人十色

「どんな人を採るかは大事だけど、それでも採用さえできれば、入社後にゆっくり育てていけば何とかなるんじゃないの？」

「ある程度やる気がある人だったら、今の時代、採用しておいた方がいいんじゃないの？」

そんなふうに考える人もいるでしょう。

しかし、事はそう簡単な話ではないのです。

「採用さえしてしまえば何とかなる」

それは非常に危ない考えかもしれません。

私たちチームエルの中心的な事業領域に、自動車業界があります。

その中の、とある中小企業（整備工場）であった出来事です。

人材不足で困っていた中、何とか採用できた若手社員。

募集した職種は「整備士」。採用された人材も整備士資格を持つ男性でした。

車の整備が好きで、面接時にも、「将来は優れた整備士として活躍したい」と語っていました。会社側としても「まさに望んでいた人材」を採用できたと喜んでいました。

しかし現実的には、整備を請け負う会社の整備士は「整備の技術」さえ磨いていればいい……というわけにはいきません。

例えば顧客に対して、車の乗り替えの提案をしてほしい場面や、整備に関して懇切丁寧に説明しなければならない場面も出てくるものです。

要するに、ある意味「営業」「接客」といえる仕事もこなさなければならないわけです。

専門家である整備士からの乗り替えの提案やリピートしていただくための信頼関係構築は、大きな営業力となります。

「整備だけでなく、お客様との会話も大切にしてほしい」

その会社の経営者は、彼をそのように教育しようとしました。

ところが、整備士として入社したつもりの彼には、それが耐えられなかったようです。

「人とのコミュニケーションは苦手。だから機械を相手にした〝一流の整備士〟を目指しているのに……」

「この会社で自分に合った仕事をして、自分の理想を叶えることは無理だろう」

そうして、彼は早々に会社を辞めてしまいました

経営者にしてみれば「それくらいのことで？」と思うかもしれません。

話せば納得してくれることだろう、と思うかもしれません。

しかし、当の本人にしてみれば、これは〝今後の人生を左右する大問題〟だったわけです。

「ブラック企業では当然人材は定着しない。社員にはとにかく優しく、負担をかけないように」

そんな思いで若手社員と接していても、相手が突然辞めてしまう例もよく聞きます。

「自分はこの会社でたくさん鍛えられて、成長したかった」

「難しい仕事は自分にはさせてもらえず、ベテラン社員がやってばかり」

そんなところに退職の理由があったという話です。

人の価値観は十人十色。今はかつての高度経済成長期のように「給与」や「地位」だけを目指す人ばかりではありません。

「何のために仕事を頑張るのか？」

この価値観が会社と人材で一致しない限り、会社側、人材側の「こんなはずじゃなかった」は必ず発生するでしょう。

その価値観を確認することこそが、「採用活動」の一番のポイントなのです。

始まりは採用。その始まりは理念

「採用時に互いのずれが生まれないように、条件面さえしっかり確認しておけば大丈夫だろう」

果たしてそれだけでうまくいくでしょうか？

私の、そして多くのクライアントの経験上、その答えは「ノー」です。

少々青臭い言い方になるかもしれませんが、大事なのは、条件だけではなく「想い」の部分です。

仕事で何を達成したいのか？

どんなときに〝やりがい〟を感じるのか？

そうしたことが経営者の想いと合っている人こそが、私たちが考える〝いい人材〟であり、会社の業績をアップさせ、成長できる人です。

この人を見つけ出し、採用することが、採用活動の目的です。

そして、ここでいう「経営者の想い」が、パート1でお伝えした「理念」です。

つまり、会社の理念が定まっていなければ、採用活動は始めようがない、ということなのです。

「チームエルさんには、本当にいい人材が集まりますよね」

……それは会社が全力で採用活動に力を入れているからなのですが、さらに言えば、「会社の理念に合わない人は採らない」ということなのです。

だから会社にとって〝いい人材〟が揃っていることは、ある意味当然なのですが、一方でその人材が他の会社にとって〝いい人材〟かどうかは別の問題、ともいえるわけです。

もちろん、採用活動で〝いい人材〟を採れればそれですべてがうまくいく、なんてことはありません。

人材との日々の関わり方、マーケティング活動、営業活動、顧客対応、財務体制などの戦略面がすべてうまく回ってこそ、会社は成長し、社員にとっても〝幸せな未来〟が訪れます。

ただ、〝幸せな未来〟の起点となるのは、その作り手である「人材」そのもの。

自社に合った本当にいい人材を採用することが、幸せな未来の始まりとなるのです。だから、採用活動は決しておろそかにはできません。

「採用は人材不足の埋め合わせ」
「とりあえずの数合わせ」
「生産性を高めて売上をアップさせるためのカンフル剤」
「人手不足の時代なんだから、とりあえず採用して、後は教育で何とかする」
「条件さえ合えばいいだろう」
「優しく接していれば辞めることはないだろう」

まずはこうした考えを排除して、「会社の理念に合った人を探す」ことを心掛けるようにしましょう。

いい人材の条件は「ハイスペックであること」ではなく、「自社の価値観に合っている」ということ。

一緒に仕事をしていきたいと思ってくれる人を採用できているか否か？

大げさに言えば、それは企業の存続をも左右するのです。

理念＝価値観がまったく合わない人を〝とりあえず〟採用してしまう……。

それは採用にかかるさまざまなコストや手間の面からいっても、そして、応募者の人生の時間にとっても、とても無駄になってしまうのです。

採用の失敗は経営者の「痛み」

「かかる経費から考えても、採用には全力を尽くさなければならない」

限りあるお金を無駄に使うことはできません。企業にとって大きな痛手となるからです。

さらに、**「採用活動の失敗」は、中小企業の経営者にとって、一人の人間としての大きな「心の痛手」をも招きます。**

「せっかく採用した人が、『こんなはずじゃなかった』『この会社に居てもダメだ』とすぐに辞めてしまう」

「自分の会社には人が定着しない（離職率が高い）」

これは本当に辛いことです（私自身も、もちろん何度も経験しています）。

多くの中小企業は、自分が創り上げ、あるいは先代からその想いと共に引き受け、愛着を持ちながら、さまざま苦労の果てに存続させている会社です。

人によっては「自分の人生そのもの」と考えることもあるかもしれません。

そんな自社に対して

「ここには居たくない！」と辞められてしまう。

まさに経営者その人、自分自身を否定された気持ちにもなり得る事態です。

これはたまらなく辛いことです。

例えば、辞める人の送別会で、本人がうれしそうにしていたら、辛い。見送る社員たちがうらやましそうにしていたらさらに辛い。だから送別会に参加するのは辛い。多くの経営者がそう感じているだろうと思います。

もちろん、人が辞めることの痛手は、経営者にとっての精神的な痛手だけではありません。

前述のように、採用費用の無駄遣い、そして業務の停滞はもちろん、さらには組織も「ショック」を受けます。

「あれ？　〇〇さん、辞めちゃうんだ」

「また人が辞めるんだ」

「自分も辞めた方が正解なのかな……」

「こんなに人が辞めるウチの会社って、どうなの？」

人が辞める、特に採用した人材がすぐに辞めてしまうという現象は、あらゆる社員の不安を募らせ、会社に対する疑問も生じさせます。

■入社後に教育、育成活動がうまくできなかった

■コミュニケーションが不足していた

■人間関係でトラブルがあった

■仕事で大きなミスがあり、自信を喪失させてしまった

……人が会社を辞めてしまう理由はさまざまあるでしょうが、元をたどれば、最初の段

階である「採用活動」でつまずいている場合が多いものです。

少し強い言い方かもしれませんが、「すぐに辞めてしまうような（自社に合わない）人材を採ってしまった」ということです。

会社の理念に合った人＝価値観の合った人を採用していれば、相手にとっても自社は「自分の価値観に合った、仕事のやりがいのある会社」であるはずです。簡単に「辞めてしまおう」という選択はせずに、頑張ってくれるはずです。

「採用はしてみたけれど、すぐに辞めてしまった」

企業活動では別に珍しいことではないかもしれませんが、そこには大きな痛手が伴っていることは、改めて意識した方がいいかもしれません。もちろんその痛手は、辞める側の人材の人生にとっても、大きなものなのです。

経営者とは人を〝採りたがる〟ものである

自分の大切な会社から人が辞めることは、経営者にとって精神的な痛手となります。

その裏返しとして、経営者は自分の会社を称賛されれば、大きな喜びを感じるものです。

これには「確かにそうだ！」と賛同してくれる経営者も多いのではないでしょうか。

「御社の活動はとても素晴らしいです。ぜひ働かせていただきたいです！」

「『この会社なら、やりがいを持って仕事ができそうです！』」

例えば、採用面接の中で応募者からそんなことを言われたら……すぐに「それはうれしい！　あなた、採用です！」なんて言いたくなる。

冗談っぽい話ですが、実際にそうやって〝簡単に〟採用を決めてしまう経営者は大勢いるものです。

私自身も経営者の一人。自社を褒めてくれる人の存在はとてもうれしいですし、新たな仲間を迎え入れるのは、本当にワクワクする体験です。

そう、経営者はどうしても「(すぐに)人を採りたがる」性質を持っているのです。

しかし現実的には、「誰でもウエルカム」の姿勢は、後々「こんなはずじゃなかった」を生むことにもなりかねません。いざ入社してみたら「アレ? 何か違う」ということにも。

こうした「情に流される」安易な採用を防ぐためには、やはり経営者とは別の第三者的な目を持った「採用担当者」を設定することが望ましいでしょう。

人数の少ない小さな会社であれば、採用活動の一切を経営者1人で回していかなければならない場合もあるかもしれません。そんな場合には、とにかく「安易な採用は避けなければいけない」という自覚を強く持つことです。

このときに客観的な尺度=〝人を見る目〟の基準となるのが、再三ここまで確認してきた「会社の理念」です。

これは「リファラル(紹介)採用」の場合でも同様。「信頼の置ける人の紹介だから安心」

とばかりに、理念の存在を置き去りにした経営者の即断採用は危ないものです。

例えばこんな例があります。

自社の幹部社員の紹介で入社してきた40代。ビジネス経験も人柄も申し分なし。何より社員の紹介ということならば、組織にも合うだろうし、現メンバーともうまくやっていけるはず。そして「ぜひこの会社で働きたい！」と言ってくれている。

経営者は何の疑いもなく、採用を決定。即戦力としての活躍に大きな期待を寄せていました。

しかし……。

確かに仕事はできて、悪い人でもない。しかし残念なことに、周りとの足並みを揃えたチームプレーができないのです。

「この仕事は一人でやらせてください」

「とにかく結果を出します。しっかり会社に貢献したいんです」

張り切ってくれるのはもちろんありがたいのですが、**もし経営者が定めた会社の理念に「チームでの働きを尊重する」「周りと助け合って共に成長していく」という想いがあった**

のなら、その人材は（厳しい言い方になりますが）**「不適任者」ということになってしまいます。どんなに売上のためにがんばろうとしても、です。**

実際にこの例では、その人材はすぐに「自分はここでは認めてもらえない」「周りの人を助ける時間があったら自分の売上に集中したい」という理由で、退職してしまいました。

何のために採用活動をするのか？ なぜそこで理念が重要なのか？

それは、採用し、定着した人材が会社の未来を創るからです。

安易な採用を繰り返し、そのために組織が疲弊していくよりも、自社が〝本当に欲しい〟という人材を見出すこと。

採用活動はいわば、5年後、10年後のための大切な「投資活動」でもあるのです。

採用の準備　その1

「徹底した理念づくり」を！

ここからは、人材採用の時に至るまでに行うべき準備を、ステップごとにお話ししていきます。

人材集めで最初に確認しておかなければならないことは何か？

それはとにかく、会社の「理念」です。

自社の社員は、フォローし、成長させるべき「同じバスに乗る人」です。経営者はまず、自分たちが「どのようなバス」であるのか＝普遍的な理念を明確にする必要があります。

理念に照らし合わせて会社が本当に必要とする人、本当に欲しい人が見えなければ、人材募集活動、採用面接、そして定着のための育成マネジメントの際にもよりどころとなる基準がありません。

さらには、日常の仕事での「正解」「判断基準」もあいまいになってしまい、〝ブレた〟経営をすることにもなりかねません。

会社の理念が明確になっていれば、おのずと「どんな人を採用すればいいか」が分かるはずです。「理念を実践してくれる人」を見つけ出し、採用すればいいわけです。要は、どんな人を集め、どんな人を採るかがポイントなのです。従って、まずは会社の理念を明確にすることから、すべてはスタートします。

採用担当者を決める、募集要項を作る、求人広告を出稿する、応募者を書類選考する、そして採用面接を実施し、人材採用に至る。

さらにその先には、採用した人材に適切な教育を施し、一緒に働く仲間として定着してもらう段階もあります。

これらすべての活動のよりどころとなるのが、経営者の定めた理念です。

「一緒に理念を実践してくれる人」、すなわち価値観を共有できる人との「価値観合わせ」のストーリーづくりともいえるでしょう。

■「ぜひ入社してもらいたい」と思った人がいたけれど、相手から断られた
■面接時には「この人だ！」と思ったけれど、実際採用してみたら違った
■せっかく採用した人材なのに、組織に馴染めていない

……こうした悲劇が起こるのも、自社の理念が明確でない、理念を相手に伝えきれていないことが原因であることは少なくありません。

前述のように、この理念づくりの作業は、ずばり経営者の仕事。

理念の根源は、特に中小企業においては多くは〝経営者の胸の中〟にあります。それらを引っ張り出し、分かりやすい言葉に直すのが、理念づくりの基本です。

この局面は、まずは経営者一人の「自分の棚卸し作業」となります。

■自分はこれまでに、どんなことに喜びや悲しみを感じてきたのか？
■自分はこれまでに、どんな困難を乗り越えてきたのか？　そこから学んだ価値観は何

か？

■自分が仕事で実現させたいことは何か？

■自分はどんな気持ちで会社を創り、どんな会社にしたいのか？

これらを改めて振り返るのです。

ワクワクする作業といえますが、自分の棚卸しでは悲しい気持ちを思い出したり、痛みを感じる経験を振り返ったりしなければならないこともあるでしょう。

しかし、この棚卸し作業は、避けては通れない作業です。これは会社の存在証明ともなる、経営人生をかけた大仕事といってもいいでしょう。経営者その人が自分のこれまでの人生と向き合い、価値観や経営の目的を形成するものを再確認する。

徹底した理念づくりはそこから始まり、これが採用活動をはじめとした経営活動の起点となります。

採用の準備　その2

理念を社内に周知させる

あなたの会社の社員は、経営者であるあなたから生み出された、会社の理念をしっかりと理解していますか？

いつでも言える……なんてレベルではないにしても、自分の会社が何を大切にして、どこを目指しているかを、理解して実行しているでしょうか？

せっかく自分の人生の棚卸しをしてつくった理念。これをお飾りの〝絵に描いた餅〟にしていては、何の意味もありません。

理念は必ず「明文化」（ちゃんと文章にする）して、全社員に伝え、共有する必要があります。

何のために？

それは「世間に向けての会社としての体裁を整える」「ホームページ等に載せる項目」のためではありません。

社員が理念に沿った行動をするため、会社が理念通りの存在であり続けるためです。

明文化された理念は、会社にとっての絶対的な決まりごと、会社の掟であり、「魂」です。社員が理念を体現しなければ、会社はバラバラになってしまいます。

もちろん、一番理念に忠実であるべきは、経営者。経営のやり方が理念と合っていない、矛盾していれば、社員や顧客が離れていってしまうのは、当然でしょう。

例えば採用活動で、採用担当者が理念を理解していなければ、つまり「どんな人を採用すべきなのか」を分かっていなければ、採用活動は的外れ、〝自社にふさわしくない人〟を採用してしまい、やがてさまざまなあつれき、悲劇を生むことになってしまいます。

「理念を明文化し、全社員に周知させることは、採用活動のみならず、企業活動には欠かせないステップです。

ところが、このステップを見落としている会社（特に中小企業）も少なくありません。

つまり、正しい基準がないままに企業活動が進んでいくわけです。

社員一人ひとりが、言っていることも考えていることも、行動も違う。担当がAさんの時にはやってくれたことも、担当がBさんになったらやってくれない。これでは、会社に対する顧客からの信頼も無くなっていきます。

理念を明文化して、その解説まで文章で表す。ここで「うまく言葉にするのは難しい」「文章は苦手」と感じることもあるはずです。そんなときには、幹部社員やコンサルタントなど、〝他人の手〟を借りてもよいでしょう。

「（文章を）書くのは苦手だけれど、話したい想いはたくさんある。いくらでも話せるよ！」……そんな人は、誰かに自分の想いを聞いてもらい、それを文章にしてもらうのもよいですね。

自分の想いを話し、それを手伝ってくれる人と一緒に文章に落とし込んでいきます。さらにざっくりと書き上げられた文章をチェックして整えていきます。

チェックの際には、内容が具体化できるかどうかを確かめます。

「子どもたちを笑顔に」→「それってどんな子どもたち？　世界中の子ども？　地域の子

「地域のために」↑「どの地域？　地元の○○市のこと？　それとも○○県のこと？　それとも…??」

このように、書かれた文言を具体的に確認していきます。

こうした作業には多くの時間と集中力、そして文章化するスキルが必要です。

そこで、理念をまとめ上げる合宿を企画するのもいいでしょう。経営者が一人でホテルにこもる形でも、何人かの幹部社員を一緒に、というやり方でもＯＫです。

（ちなみに私たちもクライアント企業の理念づくりのお手伝いをする際には、１泊２日×２回といった合宿をすることがよくあります）

採用の準備　その3

「理想の人材プロフィール」づくり

人材を採用するためには、「募集活動」をしなければなりません。

ここで理念に基づいた「本当に会社に来てもらいたい人」の明確なイメージがなければ、採用にミスマッチが生じてしまいます。

「ウチに来てもらいたい人、一緒に仕事をしたい人はどんな人か？」ということをぼんやりとではなく、改めて明確に設定しておくことが重要なのです。

多くの会社では、募集活動というと、「応募者数」を気にすることでしょう。

でも、効率面も考えて一番気にしなければならないのは、「人材側、会社側のミスマッチを防ぐこと」です。

採用に応募してくる人の側から考えても、本当は自分のような人材が欲しいのではないという会社、自分の価値観とは合わない会社に入ってしまうことで、自分の大切な人生の時間を無駄にしてしまうことにもなります。

もちろん会社側にしても、時間の無駄は同様です。「こんなはずじゃなかった」の悲劇の開幕です。

こうした不幸を避けるためにも、「どんな人に来てもらいたいか」を、必ず明確にしておくべきです。

私たちはこの作業を「理想の人材プロフィール」づくりと呼んでいます。

「会社の理念に合うような人が全然応募してきてくれない。面接はいつも空振りばかり」

「優秀な人だと思って採用した。確かに仕事は出来るんだけど、なんか、ウチの組織とは合わないいんだよなあ」

そんなマッチングミスによる〝ムダ〟を未然に防ぐための存在が、理想の人材プロフィールです。

理想の人材プロフィールを作ることで、募集だけでなく、その後の面接の場面でも、明確な基準（それは決して「条件」の側面だけではありません）に照らし合わせて、さまざまな見極めの質問ができます。

さらにこのプロフィール、「ウチの会社は今、どんな人材を新たに欲しているのか」を社内に共有すれば、社内の意思統一、採用活動におけるずれもなくなります。採用担当者が複数の場合、「私はこの人、良いと思う」「いや、この人は違うでしょ」といった食い違いも起こりにくくなるでしょう。

私たちの経験上、そして私たちの多くのクライアントの実践の蓄積から考えると、理想の人材プロフィールは次の3つのステップで作るのが効果的です。

①　イメージの列挙

②　イメージの具現化

③　優先順位付け

思いつくまま、思いつく限り

①のイメージの列挙とは、文字通り「イメージレベル」で構わないので、理想の人材とはどんな人だろうか？　を挙げていく作業です。

「どんな人に自分の会社に入ってもらいたいのか」
「どんな人と一緒に仕事がしたいのか」
「どんな資質を持った人が必要なのか」

など、思い付くままにホワイトボードや共有ファイルに列挙していきます。

経営者のみならず、募集活動に関わるすべての社員で行えば、さまざまな意見が出てきて効果的です。社員数の少ない会社であれば、全社員で行うのもよいでしょう。

もちろん理想の人材の基準となるのは、経営者が導き出した会社の「理念」。ここから外れてはダメです。〝会社に来てもらいたい人〟のイメージが会社の理念に合わないようなものであれば、本末転倒で何の意味もありません。

まずはイメージを洗い出し、その後にそのイメージが会社の理念に合っているかどうかを検証します。

■いつも明るい人
■何に関しても積極的な人
■コミュニケーション能力が高い人
■自分で抱え込まないで、何でも相談してくれる人

など。もちろん正解はありません。決まりごとは、「理念から外れていないこと」だけ。まずは思い付く限りのイメージを列挙します。

私たちが来てもらいたいのは、こんな人なんだ

これまでに挙がったイメージを、より具体的なものにするのが、②のステップ「イメージの具体化」です。

■「いつも明るい人」↑どんなときでも笑っている人？
■「何に関しても積極的な人」↑知らない人とでも積極的に話そうとする人？

ここでは、イメージを「それってどういうこと？」と改めて考える、行動に落とし込むと、どんなことをする人だろう？　と考えるのがポイントです。

■コミュニケーション能力が高い↑どんなシーンで？
■販売ができる人、経験がある人↑どんな商品を？　どんな販売方法で？　実績は？
■誰とでも仲良くできる↑誰とでももって、誰？
■愚痴や悪口を言わない↑いつも我慢する人？　もともと感じない人？　割り切れる人？

イメージを具体化させることで、募集や面接の際にも「私たちが来てもらいたいのはこんな人」という要件を明確に打ち出せます。

「『明るい人』大歓迎」

「『一生懸命なあなた』を応援します」

といったあいまいな言葉だけでは、会社の理念に合った人が集まるとは限らないのです。

分類し、選択し、優先順位を付ける

イメージを列挙し、そのイメージが具体化された〝まだ見ぬ人〟。その人材は、当然、会社にとってベストな素晴らしい人。まさに「理想の人材」です。

とはいえ、現実的にはそのようなすべての理想像を兼ね備えた人は極めて少ないものです。

残念ながら、優秀な人材は企業が抱え込み、採用市場にそう簡単に出てくることはないのです。

そこで③のステップで、欲しい人材の理想に優先順位を付けます。

あなたの会社が必要としている人材は、必ずしも挙げられたすべての理想像を持っている必要はないはずです。

例えば何か突出した資質を持っていたとしても、「すべて（の理想）をクリアしていないから」という理由で採用を見送るのは、会社にとっても応募者にとっても大きな損失につながります。

そこで、具体化された理想像に優先順位を付けるわけです。

優先順位付けは、次の順番で行ってみるとよいでしょう。

■ 分類する

列挙して具体化させたイメージを分類します。

例えば「コミュニケーションスキルが高い」「誰とでも仲良くできる」「人と話すのが好き」といった理想像は、『対人コミュニケーション』という大きなカテゴリーにまとめることができます。

あるいは「新しいことをやるのに興味がある」「人にものを教わるのが好き」といった理想像が挙げられていたとしたら、それらは『向上心』や『チャレンジ精神』といったカテゴリーでまとめられます。

会社が求める人物像を、さらに分かりやすく整理するわけです。

■取捨選択

分類されたカテゴリーの中には、相手が会社に入ってから身に付けられるもの、つまり後から学習できるものもあるでしょう。例えば仕事の専門的なスキルや資格などです。募集の際にはなくても、長い目で見れば、後から身に付けることができます。

そういったものは、優先順位から除外します。

まず、「採用した人材とは長い付き合いになる」ことを前提とし、どうにかなるもの、どうにもならないものを明確にします。

要するに、ここで浮き彫りにすべきなのは、スキルや資格ではなく相手に兼ね備えていてほしい「普遍的な資質」なのです。

■優先順位を付ける

最後に、あなたの会社の理念、会社に来てもらいたい人物像を思い返し、優先順位を付けます。例えば私たちチームエルが人材に求める優先順位の上位3つは、次のようなものになりました。

図表A 理想の人材プロフィールサンプル

チャレンジ精神	・求められる成果以上のものを自分で設定し、それを成し遂げるまで徹底的にやる。 ・課題に対し、自ら考え提案・行動ができる。 ・自ら学ぶ姿勢（レビュー風土）に魅力を感じる。	・自分に対するブレーキがなく、とりあえずやってみようと思える。 ・自分の考えに固執しない。 ・未知のもの、やったことがないことでも積極的に取り組める。 ・できない理由を考えるより、どうやってできるかを考えるのが好き。
責任感/貢献思考	・仕事に主体性を持っており、お客様のためなら（人に喜んでもらうためなら）苦労をいとわない。 ・与えられた仕事は必ずやりきる。 ・他責、自己中（自分さえよければいい）がない。	・人の役に立ちたいと思っている。 ・求められていることに対し、応えようと努力をする。 ・他者からの依頼は、自分が大変なときでも気持ち良く受けられる。 ・他者がしんどそうであれば、自分が大変でも明るく助けに行ける。
好かれる人柄/謙虚さ	・会社や上司・同僚に対して、感謝の気持ちを持てる。 ・相手の価値観や考えに共感できる。多様な価値観と考え方を受け入れる。 ・裏表がない。 ・空気が読める。（相手の感情や場面の状況を理解できる）	・感じたことはストレートに口にできるが、口の聞き方は柔らかく、相手の心情に配慮できる。 ・常に「自分はまだまだである」と考えさらに努力する謙虚さがある。 ・感情豊かである。 ・相手の言っていることの本質や背景が理解できる。

■『チャレンジ精神』
■『責任感・貢献思考』
■『好かれる人柄・謙虚さ』

この資質を持った人……それが私たちの考える「理想の人材」です。

前パートでお話ししたように、会社の「理念」というものは、決して変えてはならない普遍的なものです。

「理想の人材プロフィール」に表された条件は「これだけは（会社にとって）外せない」というポイントであり、それは、あくまでも会社の理念から導き出されていなければなりません。

採用の準備　その4

募集広告づくり

■「とにかく人が欲しい」から、あわてて募集広告を出す
■多くの人からの応募が欲しいので、「誰でも歓迎!」といった、あいまいで大ざっぱな言葉をコピーに使う
■自分たちが欲しい人の具体像よりも、会社の業務内容、給与体験など「条件項目」の表示が多くを占める

これまでのお話から、こうした募集活動が良くないことは感じていただけるかと思います。

目的があいまいなままの募集活動の結果、「いい人が応募してこない」「いい人が採れな

い」「採ってもすぐに辞めてしまう」といった不幸が起こるわけです。

つまり、「理念に合った人が集まらない」のです。

不幸の理由をたどれば、これに尽きるでしょう。

「誰でもいいから来てください」といった募集内容は、一見間口が広いようにみえて、〝ターゲット外〟の応募を招くことになります。

いい人＝会社が本当に来てもらいたい人を採用するには、まず自社にとっての「いい人」を定義しなければなりません。

安直な募集活動は、単なる経費と時間の無駄遣いになってしまうので要注意です。

では、募集活動においてはどんなことに気を付けなければならないのか？

ネットなどで行う募集広告では、当然のことながら「どんなメッセージ（コピー）を打ち出すか」が重要になります。

「まずは広告を目にした誰もが来たくなるような魅力的なコピーを発信すれば、多くの応募が集まるだろう」

そう考える人も多いかもしれません。

しかし何度も繰り返しますが、採用活動は、会社の理念に合った、本当に来てもらいたい人を集めるためのものです。決して「誰でもいいからとにかく採用を」ではないわけです。

「本当に来てもらいたい人」……それは「理想の人材プロフィール」づくりで明確になりました。

そこで導き出された優先順位の高い人に対して、正直でまっすぐなメッセージ（コピー）を発信する。本当に来てもらいたい人にこそ響くメッセージを発信する。これが私たちの考える募集の際のコピーライティングです。

例えば前述のように、チームエルの「理想の人材」として優先順位が高いのは『チャレンジ精神』です。そこで私たちは募集の際に、経営者からのメッセージとして次のようなヘッドコピーを用いました。

「事業成長のため、変化していく会社とともに成長してくれる、意欲あふれる人材を募集していますす」

ストレートに「チャレンジ精神」を持った人に呼び掛けています。

さらに募集案内では、相手の想いも言葉（コピー）にしています。

「どんどん新しいことにチャレンジして成長したい」

「人の役に立って喜ばれる、やりがいのある仕事がしたい」

「なにはなくとも素直さだけはある」

「一生懸命さには自信がある」

……そんな人にこそ来てもらいたい、という思いです。

そしてここで、確認です。

「(自社には) そのメッセージを伝えるに値する環境があるか？」

もっと簡単に言ってしまえば、言っていることとやっていることが矛盾していないかに気を付けなければなりません。

「向上心」を求める？　ならばそれに応えるために社内に研修制度、レポート提出、目標設定の面談などの仕組みが存在するのか？

「チャレンジ精神」を求める？　ならば役職や職歴に関係なく、自由な意見交換をする機会がよくあるか？

発信するメッセージを実現してもらえるための「環境」が自社に整っているかを、今一度見直しましょう。

その環境があるのなら、そのこともコピーとして募集広告に掲載すれば（「〇〇制度あり」など）、より一層、理想の人材に響くメッセージとなります。

募集広告では、「会社の理念に合わない人に来てもらわない」ための工夫も必要です。

「誰でも歓迎」といった間口の広いコピーで応募者が増えたとしても、実際には会社の理念には合わない、採りたくない人が集まり、選考や面接に手間をかけなければならないのであれば、互いにとって時間の無駄でしょう。

もちろん「こんな人は向いていません」といった直接的な表現はしません。

「当社はチームプレーを重視します」（つまり、個人成果重視、会社の仲間をライバルと捉える人は向いていません）

「やりたいことにどんどんチャレンジできる会社です」（つまり、言われたこと、決められたことを淡々とやりたい人は向いていません）

「社内イベントも豊富。一緒に楽しみましょう」（つまり、仕事以外での付き合いが苦手な人は向いていません）

このように、自社がどんな会社かという特徴を表すことで、暗に「これに共感できない人は、申し訳ないけれどウチには向いていませんよ」ということを示すわけです。

自分の会社がどんな価値観を持ち、どんなことを良しとしている会社なのかを語らず、単に条件面（お互いの）のみを告知するメッセージは、相手にとっても価値の低いものなのです。

さらに、募集広告では、応募者の〝不安〟を取り除くことも大切です。

当然のことながら、応募者はあなたの会社に応募を決める際に、数々の不安を抱えているることでしょう。

本当は会社の理念に合った理想の人材でありながら、不安のために応募を見送ってしまっていた。出会うべき人と出会えなかった……もしそうだとしたら、互いにとって実にもったいない話です。

そこで、募集広告のコピーで、事前に相手が不安に思うであろうことを取り除きます。

「未経験だけど大丈夫かな？」

「専門知識はないけどやっていけるのかな？」

そんな不安に対しては、「未経験ＯＫ」「〇〇に詳しくなくても大丈夫！」といったコピーで。

「ノルマがキツいんじゃないか？」

「置いてきぼりをくらうんじゃないか？」

という不安に対しては「ノルマは無し！　目標数字はありますが、チームみんなでの達成を目指します！」といったコピーで。

「組織に馴染めるだろうか？」

「職場の雰囲気、どんな感じだろう？」

という不安に対しては、「30代が活躍している職場です」「職場見学大歓迎！」といったコピーで。

もちろん大げさに〝盛った〟情報や嘘は厳禁ですが、このように応募者の不安を払拭する言葉を入れることも、理想の人材と出会うチャンスを得るために大切な要素となります。

社内に周知する

採用面接への準備として最後に忘れてはならないことがあります。

それは「募集で打ち出したメッセージは社内で周知する」ということです。

簡単な話だと思われるかもしれませんが、これができていない会社が、結構あるのです。

自社が募集をかけていること、募集広告を出していることを、担当者以外の社員は知らなかったという会社も、実は結構あるのです。

なぜ、募集のメッセージを社内で周知させる必要があるのか？

それは会社の理念を社員が体現しなければならないからです。

「チームで助け合って成長する会社です！」「風通しのいい職場。アットホームな会社です！」とうたっているにもかかわらず、応募者が問い合わせの電話をしてみたら「ええっと……何の件でしょうか？」と冷たい態度で対応された。

笑い話のようですが、こうしたことは実際に起こっているのです。

募集広告は会社の理念が形になった、いわば「会社そのものの姿」です。発信したメッセージと会社の姿に矛盾があってはいけません。それは会社の信用に関わることです。

「新しい仲間を迎えるための活動は、会社全体で行っている」

その意識を忘れないようにしましょう。

PART 3

面接は全力で取り組む

面接は あなたの会社が見極められる場

「とにかくこちらの話をいろいろ聞いてもらいました」
「他の会社だったら相当長くても1時間程度の面接が、ここは2時間以上はありました」
「話が盛り上がっちゃって、面接というよりはカウンセリングのようでした」
「何だか、改めて自分のことが分かったような感じで、すごくいい機会でした」

これらは私たちチームエルの採用面接に来てもらった若い人材（その多くは現在、私たちと一緒に働いている仲間です）の面接当日の実際の感想です。

理念に基づいた募集活動で人が集まったら書類選考を経て、さあ次はいよいよ「採用面接」です。

大切な、会社と人材のファーストコンタクト、「出会いの場」です。

その前に、採用面接について強く意識していただきたいことがあります。

それは……

「面接では、相手（応募者）もこちらを見極めようとしている」ということです。

言われてみれば当たり前のことです。

でも、採用活動においては、どうしても会社側が応募者の見極めに集中するあまり、この当たり前の事実を見落としがちなのです。

もちろん採用決定は会社側が行うものです。

しかし、それ以前に応募者が面接の場において「この会社はちょっと自分には合わないだろう」「魅力を感じられる会社ではない」「入社しても良いことはないんじゃないか？」

と判断すれば、当然こちらが断られることだってあるわけです。
自社の理念に合った理想の人材がやって来た。でも、「ウチの理念はこういうもので、あなたはそれにピッタリの人なんだ」……それを伝えきれなかったがための不幸です。

こちらが欲しいと思うような人材は、他社にとっても魅力的で欲しい人材である可能性が高いものです。

そして当然のことながら、相手が「この会社に入ろう！」と決め、入社できるのは一社のみ。

だから、相手が面接を受けた数々の会社の中でも、「ここが一番！」と思ってもらえなければ、せっかくの人材を獲得することはできません。

「応募者は、応募してきたのだからウチに入りたくて当たり前」

もしそう思っているとしたら、それはちょっと違うかもしれません。

相手は「どんな会社かを見極めに来た」と考えた方がいいでしょう。

そしてもう一つ、意識してもらいたいことがあります。

「相手にとって『この会社はどんな会社か？』という見極めは、面接前から始まっている」という事実です。

前パートでも触れた「発信したメッセージと会社の姿に矛盾があってはならない」ということからも、それはお分かりいただけるでしょう。相手からの問い合わせや応募の際の電話対応の内容、メールでの返信のスピードや内容、ありとあらゆることが「この会社はこんな会社だ」という事実を物語ります。

あるいは毎日の仕事ぶり。これも事前に見られているかもしれないのです。

人材を募集しているということは、応募者があなたの会社を注視している、ということなのです。

会社のデメリットはあえてオープンにする

■応募の際の電話やメールの返信……忙しくてはつい後回しにしてしまう
■忙しくて面接時であってもお客様からの電話や来客に対応してしまう
■会社の説明はそこそこで終わらせている
■相手にとってデメリットとなるかもしれないような部分をあまり伝えていない
■入社後にどんな業務をしてもらうかは特に決められていない

このような面接が〝ダメな面接〟だということは、自分が面接される立場だと想像すれば、お分かりいただけるかと思います。

しかし、実際にはこうした面接をごく当たり前に行っている会社もよくあるものなのです。

中でも注意しなければならないのは、「デメリットとなるような部分をあまり伝えない」というものです。

採用面接は、一緒に（会社の）未来を創っていくパートナーを決める〝お見合い〟のようなものです。

このときに、自分の（自社の）メリット、良い点……これまでの実績、業界での地位、提示する条件の良さなどばかりアピールしたならば、どうなるか？

互いの価値観に関することはそっちのけになっているわけですから、採用が決まったとしても、後々に違和感が生じてしまうことも大いにあるでしょう。

「なんだ、すごく良い会社だと聞いたけれど、いろいろダメなところもある」

そう思われてしまうかもしれないのです。

採用面接の場では、あえて相手にとってデメリットと捉えられるかもしれないようなことも開示することが重要です。

「入社してすぐに希望の部署に行けるとは限らない」
「研修期間はそれなりにいろいろ大変な課題がある」
「やむを得ず休日出勤ということもある」
「飲み会にも積極的に参加してもらいたい」

など、人によってはデメリットと捉えるようなことでも、自社の考え方や特徴、制度などは正しく伝えておかなければなりません。

もしそれらが相手の価値観や考え方にそぐわないものであれば、その時点で「互いに合わなかった」ということが分かるので、「こんなはずじゃなかった」というミスマッチを防ぐことができ、価値観や考え方に「合った」のであれば、「こんなに何でもしっかり話してくれる会社だからこそ、ぜひ入りたい」と入社意欲が高まることでしょう。

さあ、面接当日。私たちは、面接当日の流れを次の3つのステップで捉えています。

ステップ0：場作り

応募者に対する「ウエルカム感」を意識。さらに相手に「リラックス」してもらうよう工夫する。

ステップ1：見極められる

「見極め」ではなく、まずは相手から「見極められる」こと。

働くイメージを鮮明にしてもらうために会社の価値観を伝え、デメリットとなることについても誠実に説明します。こうして相手に対して「見極められるための材料」をお伝えします。

ステップ2：見極め

会社側の見極め。質問・返答の繰り返しで深掘りし、理念に合えば「あなたに興味がある」というサインを出します。

ステップ3：クロージング

「この人材が欲しい」と思った人に、入社を決意してもらいます。こちら側の意思を伝え、相手側の意思も確認します。

採用面接当日3つのステップ

ステップ0：場作り（ウエルカムとリラックス）

面接の前段階。

面接当日で大事なのは、応募者からの「第一印象」。面接に訪れた段階から「なんだか良い感じがしないなあ」などと思われては、その後の面接でどれだけ自社の魅力を語ったとしても、相手には響かないはずです。

良い印象を与えるためにまず強調したいのが、会社からの「ウエルカム感」です。

「社員一同、みんなであなたを待ってましたよ！」

「あなたとぜひお会いしたかった。今日、お会いできてうれしいです！」

相手が面接に訪れた瞬間からウエルカムの姿勢を示すことで、会社に対する第一印象はガラリと変わります。


面接担当者のみならず、全社員の対応や表情はもちろん大事ですが、意外と見落とされがちなのが「面接のスペース」。

〝場所〞への配慮が、実は大きな効果を生むのです。


応募者が来社したのに面接の場所が決まっていない。

「じゃあ、とりあえずこちらに座っていてください」などとあわててスペースを作る。

……まあ、とても「ウエルカム」は感じられませんよね。

あるいはスペースが決まっていたとしても、そこが散らかっていたり、机の上が汚れていたりしては、会社の姿勢、品格まで疑われてしまいます。

ここで相手に渡す資料が事前に机の上に配置されていれば、「しっかり準備して待っていたよ」ということが伝わるでしょう。

面接は応募者の本音を聞く場ですから、相手に「リラックスしてもらう」ことも大切です。

本題に入る前にアイスブレイクとして、ざっくばらんな会話をすることも効果的です。

さらに……。

「今日は私たちが○○さんを見極めるだけではなく、○○さんが『ここは入社したら長く働ける会社なのか』を見極める場にしてもらいたいと思っています」

「なので、できるだけ会社の情報を、良いところも悪いところも隠さずお伝えしますね」

「できるだけ普段通りの○○さんを見せてくださいね」

「緊張しなくても大丈夫。面接官である私とあなたは、対等な関係ですよ」

という、面接の目的、会社側の思いを先に表明しておくといいでしょう。

こうして相手がリラックスしたことを確認した上で、面接の本題へと移ります。

ステップ：1　見極められる（自社についての情報を伝える）

何度も繰り返しますが、面接は「相手から見極められる場」でもあります。

面接の順番は、先に「相手に見極めてもらうための情報」を伝え、その後で「相手を見極める情報を聞き出す」ようにします。

伝える→聞き出す、です。

自社の情報として伝えるのは、大きく次の3つです。

①会社の業務内容や環境

②会社の価値観

③会社のデメリット（リスク）

①で相手に「この会社で働く」というイメージを鮮明に持ってもらい、自社への志望を強くしてもらいます。

例えば業務内容のイメージを持ってもらうために、「新入社員の出社から退社までの1日の仕事の流れ」を伝えます。

また、職場の雰囲気のイメージをつかんでもらうために、社員の平均年齢、男女比、所属チームの雰囲気、メンバー各人の特徴や趣味、入社が近いメンバーがいるかどうか、仕事外での付き合い（社内イベント）、などの情報も知らせます。

働く環境のイメージを持ってもらうために、研修制度の有無や教育体制、資格取得制度、残業状況、外出や出張の頻度、お客様との関係性、休憩や昼食の取り方、施設の雰囲気、キャリアパスイメージなどの情報も伝えます。

こうして応募者に「この会社で働いている自分」をできる限り鮮明にイメージしてもらうのです。

②の目的は、会社の理念に合わない人を採らない、マッチングのミスを防ぐためです。

「当社は○○を重視している会社です」
「○○な方を求めています」

ここでは相手に合わせる必要はありません。これまで再三お話ししてきた、理念＝「会社の価値観」を伝えます。言葉にはしないにしても「この価値観に合わない人は、ウチには向いていない」ということを示すわけです。

価値観は募集広告にメッセージとして記載した上で、面接の場でさらに確認し、より強く相手に強く伝えることができるのです。

③もまた、マッチングミスを防ぐために行うものです。

「いつも定時に帰れるわけではない」
「土日祝日の勤務もある」
「若手社員が少ない」
「社外での付き合いもある」

例えばこうしたデメリットに感じられるかもしれない要素も、事実であれば、あえて伝えるようにします。

デメリットを伝えることは、応募者の〝辞退〟の要因になるかもしれません。しかし、入社後の「こんなはずじゃなかった」を考えれば、事前に伝える方が互いのためです。

何より、ここでデメリットを「自分の成長のために必要な要素」だと感じてくれるような人材こそ、採用したい人材ということになるはずです。

こうして自社を「見極めてもらう」ためのさまざまな情報を伝えていくわけですが、業務内容などの詳細部分は、できるだけ持ち帰ることができる資料としてまとめておくことをお勧めします。面接での説明不足を補うこともできますし、応募者が帰宅後改めて読むことで、印象に残ります。

「お客様からの声」や「雑誌や新聞で取り上げられた実績」など、会社をＰＲするツールがあれば、ぜひ揃えて渡したいものです。

これらの資料、ＰＲツールは、応募者本人のみならず、周囲の方々（ご家族や友人）に対しても「しっかりした会社」という安心感の訴求になるので、ぜひ用意しましょう。

ものです。

ステップ2：見極める（応募者の本音を引き出す）

私たちチームエルの行う採用面接は、面接というより「面談」というニュアンスが強いものです。

「相手を見極める情報を聞き出す」段階では、面接マニュアルにあるような形式的な質問を繰り返すのではなく、会話を盛り上げ、一緒に楽しむことで相手の本音やこれまでのこと、これからの希望、人間性、そして価値観を引き出すようにしています。

従って、面接を担当する採用担当者・面接者には、可能な限りコミュニケーション能力が高い人に担当してもらうのが最も望ましいでしょう。

「志望動機」「前職の退職理由」「自己アピール」などに関しては、応募者は事前に面接対策として模範的な回答を用意している場合が多いものです。

会社側が会社の価値観を伝えても、その場ではほとんどの人が「いいですね」と同調するはずです。「いや、私はこう考えるんですけど……」なんて反論めいたことを言ってくる人はなかなかいません。

相手の本音を引き出すためには、こちらの質問に対する相手の返答を〝深掘り〟することが大事です。


「今までで楽しかったことはどんな事ですか？」

「それはいつのことですか？」

「学生時代に真剣に取り組んだことは？」

「一生懸命やり遂げたことは？」

「その時はどんな気持ちでしたか？」

「やりがいを感じたときは？」

「苦労したことは？」

「それを、もっと詳しく教えてくれませんか？」

「なぜそう思ったのですか？」


チームエルの面接では、このような質問をしています。あくまでも入り口は「会話のネタ」という感じです。「尋問形式」ではなく、会話のキャッチボールを楽しむ「対話形式」

です。

「面接の時間が2時間をオーバーしてしまうことも」……その理由は、こうした徹底的な会話にあるわけです。

「本当の自分を知ることができた1日だったかもしれません」……なんだかカウンセリングの感想みたいですが、後に応募者（現チームエル社員）からそう言ってもらえるほどのチームエルの面接は、私たちの大きな自慢です。

ステップ3：クロージング（「採りたい！」と思ったら、即クロージング）

経営者自身が、あるいは全幅の信頼を置く採用担当者が面接で「この人をぜひ採用したい！」という人材と出会ったなら、迷わずすぐにクロージングするべきです（ちなみにチームエルでの面接は採用担当者と社長面接の2段階です。しかし、「社長面接」は設けているものの、今ではほとんどは採用担当者に任せています）。

クロージングのポイントは、とにかく「思い切り熱意を伝えること」に尽きます。

自分に好意を持って求めてくれる人、自分を高く評価してくれる相手に対して好意を持つのは、人間として当然のことです。変にもったいぶるのではなく、ストレートに想いを伝えましょう。

■応募者のどこが気に入ったのかを、詳しく伝える
■はっきりと「来て欲しい」と言葉にして伝える
■「ウチはあなたにピッタリの会社だ」と背中を押す
■希望給与より高い期待給与を提示する（あくまでも自社の人事評価制度に従って、可能な範囲で、です）

こちらの意思を伝えた後で、相手の意思を確認します。「あなたはどう思っているのか？」「不安な点はあるか？」と、仮クロージングするわけです。

応募者が面接を受けるのはあなたの会社だけではありません。「ウチが一番、あなたを採用したいという熱意を持っている」という事を、即伝えるべきなのです。

クロージング後に、相手の気持ちを「キープ」する

以上が面接実践のステップですが、最後のクロージングに成功したからといって、そこで安心はできません。

「採用が決まった（内定を出した）後で、相手から断りの連絡が来た」などということは、実際にはよくあります。

確実に相手に入社してもらうために、面接の場でのクロージングの空気、「自分が強く求められた」「良い選択だった」という気持ちを、入社のその日までキープしてもらうことが大事です。

入社書類の準備で連絡を入れたり、入社前のコミュニケーションとして食事会を行ったりして、相手との接点を絶やさないようにします。

他社への入社も検討中、という場合には、いち早く「内定通知書」などで条件を提示し、「しっかりしている会社」だとアピールするといいでしょう。

就職先を検討する際には、家族の意見を参考にすることもよくあります。こうしたいち

早い条件の提示は、採用した相手のみならず、家族へ好印象を与えることにもなるので、ぜひ行うべきでしょう。

社員が辞める3つの理由

（「定着」は会社側の「仕組み」で決まる！）

「会社の理念に合った人材を採用できた。後はもう大丈夫」

「ウチは主体性を重視しているので、本人が勝手に定着してくれるだろう」

……もちろんそう簡単にはいかないものです。

入社してくれた社員が辞めずに定着してくれる、成長を繰り返し、会社の未来の担い手となってくれるためには、理念の下に集ってくれた人に適切なアプローチをしなければなりません。

組織に馴染み、理念に基づいた仕事をしてくれる……「会社の文化になじんでほしい」わけです。

このために、チームエルではさまざまな工夫を考えています。

実は私たちにもかつて、社員が定着せずに苦労した苦しい時期がありました。20代の若手社員を中心とした採用に力を入れ始めた頃、採用した人の半数が1年も経たずに退職していったのです。

まさに前パートでお話しした「心の痛手」に、経営者である私のみならず、採用担当者をはじめとした多くの社員がショックを隠せませんでした。

「辞めてしまったのは、相手に問題があったんだろう」
「結局、相性が悪かったんだ。他にいい人材はいるはずだ」

はじめのうちはそう自分たちに言い聞かせていたと思います。

でも、こんなに早期退職が続くのは、何か組織に根本的な問題があるのではないか？
相手に合わなかったのは我々の方ではないか？
「辞めさせずに済む仕組み」があるのではないか？

……改めて採用担当者と話す中で、私たちは「人が定着する仕組み」について、より真剣に考えました。

今思えば大変なことだったと思いますが、その時、採用担当者は、なんと退職した人にわざわざ連絡をして、〝辞めた理由〟を改めてヒアリングしたのです。

これからお話しするのは、私たちがそんな痛みの中から見出した「定着の仕組みづくり」です。

理念に共感してもらっていることは大前提。それでも人材は定着するとは限らない。

そもそも、人が辞めないためには、どんな要素が必要なのか？

それは「成長感」「貢献感」「連帯感」の3つの実感です。

成長感とは、「自分は成長している！」「できることが増えている！」と実感できること。

貢献感とは、「自分は組織や顧客の役に立っている、組織や顧客に貢献し、必要とされている！」と実感できること。

連帯感とは、「自分はこのチームで仕事がしたい！　この仲間と一緒に頑張るのが楽し

図表B　人材定着のフレームワーク

「人材定着」に必要な要素

成長感		貢献感		連帯感
できることが増えているという実感	×	組織に貢献できているという実感	×	組織の仲間とつながっている実感

い！」と実感できることです。

日々の仕事の中でこの3つの実感を感じることができていれば、社員の定着率は格段に上がります。

逆に、この3つの実感のどれか1つでも抜ければ、社員は退職を考え始めます。

実は、この3つの実感こそ、退職理由の大半を占めるものであり、逆に言えば、定着の重要な3要素と言えるものなのです。多くのクライアント企業の例を見ていても、社員が退職してしまう理由は、この3つのうちのどれかが感じられなかったということにおおむね集約されるのです。

この3つの実感の背景には、「ブラック企業ではない、まっとうな会社」であるための労働環境（正しい評価制度、適切な給与の支払い、残業時間、休暇、社会保険等）、そして「この組織なら安心して働ける。困った時も相談できる」という心理的安全性が担保されていなければならないのは、言うまでもありません。

「成長感」「貢献感」「連帯感」のうち、最も確立しやすいのが、「連帯感」を高めるための仕組みです。

ここからは、私たちが行っている「連帯感を高める仕組み」についてお話ししていきます。

対象となる社員は、会社の「理念」を理解した上で入社してくれた人たちです。なので、ここで「連帯感なんて要らない！」なんて思う人はいない、というのが前提です。

定着の仕組み① 「ウエルカムパーティ」アプローチは既存社員から

チームエルでは、内定から入社日までの間が空く場合、新人を招いた食事会を行うことがあります。これは大げさなものではなく、採用担当者、幹部や年の近い先輩社員などで「じゃあ、待ってるよ！」という気持ちを伝えるものです。

そして入社。

まず全社員で行うのが「ウエルカムパーティ」です。入社当日でなくても構いませんが、社員がそろう場で行うのがいいですね。

パーティという名称ですが、これもまた大げさな企画ではありません。飲み会などでもなく、オフィスや会議室で、時間にすれば15分程度。

内容もとても簡単です。新人のパーソナルな情報を「クイズ形式」にしてみんなに出題し、楽しみながら相手の人となりを知ってもらうのです。

「坂本君は学生時代から、ある武術に取り組んでいました。次のうちどれでしょう？」

「山下君はお父様からとても大切な「人生の教訓」をいただいたといいます。次のうちどれでしょう？」

そんな感じで2、3問。カジュアルに行えばよいのです。

チームエルでは、先のコロナ禍でリモートワークを強いられた際も、オンラインで実施しました。

簡単、カジュアルではあるけれど、実はこの全社員によるウエルカムパーティは非常に大きな効果を発揮します。

「新人はまず入社時にあいさつと自己紹介」

これが通例となっている会社も多いのではないかと思います。

つまり、「新人から既存社員へお話ししなさい」というものです。

この方向性を、「既存社員から新人へのアプローチ」=ウエルカムの意思表示にすることで、その後のコミュニケーションが極めてスムーズになるのです。

「新人がなかなか、なじもうとしてくれない」

「会話がなく、ずっと黙っている」

既存社員からそんな愚痴が出る組織は実際に存在します。実はかつては私たちも、新人に対して、そういった思いを抱き、どうしたらいいかと考え込んだことがあります。

でも、答えは簡単でした。相手からではなく、こちらからコミュニケーションをとるべきだったのです。

「なんで話し掛けてこないんだ？」

そう思う前に、自分が話し掛ければよいのです。

既存社員にとってはホームである自社も、新人にとっては最初は完全アウェイ。垣根を取り払うのは、既存社員の役目です。

定着の仕組み②　「定期面談」「何でも話せる機会」を設定

新人には、入社後に1カ月〜1カ月半に一度の割合で1on1形式の「定期面談」を行います。

私たちの場合、担当するのは採用担当者です。会社によっては専任のメンター（担当者）もいるでしょうが、小さな会社では、「この人がいい！」と採用を決めた当人＝採用担当者が、入社後しばらく新人の面倒を見るのが望ましいことです。

なぜなら、採用面接によって相手のことを一番よく知っているからです（チームエルの採用担当者である江蔵直子は、本当に大活躍しています！）。

採用担当者が面談まで手が回らない場合（当然そういうケースもあるでしょう）は、メンバーの中で話しやすい雰囲気を持ち、後輩の育成に関心がある人材を抜擢するといいでしょう。役職は問いません。

定期面談の目的は、社員にまず安心感を持ってもらうことです。

「自分の本当の気持ちを、聞いてもらえるんだ」
「気になっていることは、こうして言える機会があるんだ」
「いつでも話を聞いてくれる味方がいるんだ」

という、心理的安全性を確保するわけです。

面談では、次の2つのポイントを押さえてください。

① こちらからの話は、面談の最後にすること
② 面談はあくまでも「楽しい時間」にすること

人間関係の悩み、仕事での困りごと、プライベートの問題、会社に対する違和感や要望など、**定期面談は相手が「どんなことでも自由に話していい場」にします。あくまでも相手の気持ちを聞くためのものであり、説教や指導の場ではありません。**

ですから、こちらからの話は後回しです。

また、面談に対する緊張や抵抗感は、実は聞き手である担当者の方が感じやすいものです。

「面談なんて嫌がられるかも」

なんて思いがあれば、相手にも伝わってしまうかもしれません。「私もあなたといろいろ話せる機会はうれしい」という姿勢で臨みたいものです。

定着の仕組み③　若手社員の組織
主体性とリーダーシップを醸成

「話の合う同世代の社員との交流がなかなかできない」
「自分が組織の中で主体性を持った仕事ができているか、分からない」

そんな若手社員に、若手同士のコミュニケーションと主体性、リーダーシップを発揮できる機会を提供するために、チームエルでは若手社員によって企画され運営されている組織があります。

「而立会《じりつ》」（論語の言葉「三〇にして立つ」）です。

活動内容はチームメンバーで意見を出し合い、決定します。

例えば「会社のルールを確実に守るためのプロジェクト」「理念を深掘りするための勉強会」「休日を使った社内イベントの企画」など。「プロジェクトの企画と進行」が主なものとなっています。

チームエル「而立会」のこれまでの主な活動は以下のものです。

■ 若手によるコラム執筆、顧客向け会報誌への掲載
■ お客様来社時の「おもてなし」向上プロジェクト
■ 社内コミュニケーション活性化のための「お出かけプロジェクト」

新人にとっては〝上司〟ではない、歳の近い先輩社員からのアドバイスを受けることができて、自身の業務に関しても気軽に相談できる環境になっています。

この若手社員の会では、リーダーはプロジェクトごとの交代制で取り組んでいます。

自身が責任者としてチームを引っ張る、主体性とリーダーシップを問われる機会は、通常の業務だけでは新人にはなかなか訪れないものです。

そこで、これらの機会をあえて用意したのです。

自分のリーダーシップ、主体性、そしてアイデアや意見がダイレクトに反映され、社内プロジェクトとして機能することで、会社に貢献するという成功体験を早々に積めるという効果があります。

中堅以上の社員は、こうした若手社員の活動を見守り、さまざまなアドバイスを送ります。

そうすることで、自分自身も指導力や仕事、会社に対する熱意を高めていくことができ、まさに若手社員の組織を起点とした「会社全体の底上げ」も図れるのです。

定着の仕組み④　中期経営計画発表会　モチベーションアップに最適な催し

中期経営計画発表会は、会社の掲げる中期の計画、経営方針を発表し、数値目標を周知させるものです。

しかし、私たちチームエルの中期経営計画発表会では、業績、いわゆる「数字」に関する話はあまり行われません。

では、中期経営計画発表会は何を目的としているのか？

それはずばり「社員のモチベーションアップ」です。

「この計画で行くんだ！」とモチベーションを高めてもらう。各部門は翌日から、ここで発表された計画を行動に落とし込んで、自ら積極的に動き始めます。

中期経営計画発表会は、その華々しいスタートの場です。

「半年に一度、全社・各部門の取り組み方針を発表する場」が中期経営計画発表会。

重きを置くのはモチベーションアップ。

「よし！　これからこの計画でやっていくぞ！」

社員がこうした気持ちになってくれることが、大切なのです。

「全社の中期『数値』計画」……これは冒頭で発表するものですが、細かい話はほとんどしていません。

時間にすれば5分もないかもしれません。

例えば2024年の中期経営計画発表会で私が話したのは、ほとんどが「5年後のチームエル」のビジョンと、実現までのロードマップです。会社の未来の姿を見てもらい、仕事に誇りを持ってもらいたかったのです。

数字の話にはおとなしい反応だった社員も、この話には大いにザワついてくれました。

部門ごとの発表も、数字の話は出てきますが、必ずしもそこに重きを置くものではありません。

「自分の部門が何を目指し、そのためにどんな活動をしているのか？」

それを他部門に理解してもらう機会という意味合いの方が重要なのです。

おのずと部門間の協力関係も構築され、部門、役職を越えたところで、自分の仕事を考え、話し合うきっかけにもなるのが、中期経営計画発表会です。


会社で働く多くの人たちにとって、会社の数字そのものを〝自分ごと〟として捉えるのはなかなか難しいものです。**会社が熱意を込めて伝えるべきは、各部門の相互理解、そしてモチベーションアップにつながるビジョンやミッション、目標です。結果（数字）は、社員の行動の末におのずと生まれるものです。**

中期経営計画の策定から発表会企画までの一連の業務のコンサルティングでも内容は同

じです。どの企業も発表会で一体感が高まり、社員の動きが活発になったと評価していただいています。

中期経営計画発表会の後半は、全社を挙げての懇親パーティー（別途お店など会場を借りることもあります）、そして頑張った社員を称える表彰式です。うれしいことに、懇親パーティーは毎回非常に盛り上がります。

表彰の対象はスタッフとラインに分けられ、種類としては「サポート賞」「グッドチャレンジ賞」「ナイスファイト賞」「ＭＶＰ賞およびそのノミネート」などがあります。

多くの賞を設けることで、「自分は評価されないんだ」といった組織内の嫉妬や不満などを呼びこまない、という効果もあるのですが、何よりも大切なのは、こうした機会を仕組みとして作ることで社員のたくさんの活躍が全社に共有され、会社としても、そして社員同士も互いに称え合うことができるのです。

社員を称える表彰は、定着のみならず、理念に基づく会社の在り方にも関わる重要な要素です。次パートでお話しします。

定着の仕組み⑤　社員旅行
役職・年齢・社歴・部門を超えたコミュニケーション促進

「社員旅行を実施したいんだけど、どんな感じでやればみんな喜ぶかな？」

コンサルティングの仕事をしていると、クライアントからそんな相談を受けることがよくあります。

最近ではビジネスパーソンの価値観が多様化し、プライベートを優先する、職場の人間との交流を避けたがるという話もよく耳にするようになりました。

「社員旅行なんて、できればカンベンしてほしい」

「その（旅費）分、お金が欲しいんだけど」

なんていう意見も、決して珍しいものではありません。

しかし、理念＝同じ価値観に基づき採用した人材の定着を図る上では、社員旅行は極めて強力な仕組みとなります。

チームエルの社員旅行は年に2回実施され、1回は予算をかけた大規模な旅行、もう1

回はカジュアルな近場への1泊あるいは日帰り旅行です。

全員参加がルールですが、「それも仕事の延長だから」というニュアンスではなく、あくまでも日常を離れて徹底的に遊び、それを社員共通（役職や年齢を超えた）の思い出として残すことが目的です。

共通の楽しい思い出によって、社員の距離が縮まり、普段の業務でのコミュニケーションが円滑になります。

また、社員旅行はそのつどプロジェクトチームを編成して企画立案、推進を行っているので、「人を楽しませる」ための創意工夫が、社内の良い文化として蓄積されるのです。

「人を楽しませるための創意工夫」は、旅行中のさまざまな企画に反映されます。プロジェクトは「旅先をどこにするか？」「細かいスケジュールは？」といったことのみならず、楽しい思い出をつくる企画を立案します。

例えばチームエルで行ってきた旅行中の企画でいえば……。

■ チーム対抗　〇〇対決（おたまリレー、お絵かき対決、クイズ対決など）

■テーマを設定し（「景色のいい場所」「思いっきり楽しんでいる姿」など）、チームごとに発表するフォトコンテストの実施

などがあります。

ちなみに前回の1泊旅行で実施した「フォトコンテスト」では、LINEワークスのグループに社員からこぞって投稿された写真が1000枚を超えたものです。経営者として本当にうれしい気持ちになりました。バカバカしく騒いでいる写真もたくさんあり、最高の仲間です。

社員旅行で一緒に行動するチームは、もちろん部門を超えて編成します。会社としてのチームワークがつくられて、さまざまな交流・会話により相互理解が深まる。さらに共通の楽しい思い出ができて一体感も高まる。

時代遅れに感じる人もいるかもしれませんが、チームビルディングを目的とした企画型社員旅行はかなりおすすめです。

その他の仕組みづくり
公式・準公式・非公式のイベント

これまでお話ししてきた定着の仕組み「ウエルカムパーティ」「定期面談」「若手社員の組織」「中期経営計画発表会」「社員旅行」などは社内の「公式行事」となります。

全員参加が必須。年間スケジュールでも優先して押さえ、また予算もしっかりかけるべきものという位置付けです。

また、新入社員を対象に教育を兼ねてハイレベルな接客を体験できるようなレストランでの「新入社員食事会」といったものもあります。

さらにこれら公式行事の他に、「社内では公の取り組みではあるけれど参加は任意」＝準公式行事の「懇親会」、プライベートでのコミュニケーションではあるけれど、会社から多少の予算が出される非公式の「同好会補助金制度」「仲間との時間を楽しむ費用制度」「会社アルバムの作成」があります。

準公式の「懇親会」は、ただの飲み会の類いではなく、明確な目的を設定した集いです。

例えば、歓送迎会、新年会、忘年会、部門別の懇親会、イベント、プロジェクトの打ち上げ、決起会など。

業務外の付き合いも有意義な仕事のコミュニケーションの場であると実感してもらえる行事です

非公式の取り組みの目的は、ずばり「インフォーマル・コミュニケーション」（公式ではないカジュアルな付き合い、雑談）の促進です。

「同好会補助金制度」は、業務時間外に社員3人以上で遊ぶ際に支給される補助金です。

「仲間との時間を楽しむ費用制度」は、幹部・リーダー社員に与えられるフリンジ・ベネフィット（給与以外に支払う手当・報酬）の位置付けで、役職別に毎月定額を使える裁量が与えられます。

「部下を飲みに誘う」「部下の誕生日祝いをする」……こうした際はいわゆる「上司がお金を出す」というパターンになるものですが、この制度によって役職者の負担が軽減され、コミュニケーションの選択肢も増えるわけです。

「会社アルバムの作成」は、イベントや行事で撮影した写真を誰でもいつでも見られるようにクラウドにデータで保存し、一部の写真は一定期間社内の休憩室に掲示するものです。これも思い出の共有によるコミュニケーションの促進が目的です。なので、実施担当者（撮影者、保管係、アルバム作成者等）は明確にしておくべきでしょう。

これまでお話ししてきた「定着の仕組み」。公式から非公式まで、確かに経費は発生します。もしかすると、売上には直接結び付かない経費と捉えられることもあるでしょう。

しかし「人材の定着」こそが会社の成長に直結すると考えるならば、ここにかける経費は、人材投資であり、それこそ最重要経費といえます。

PART 4

会社は社員がすべて

「社会からの預かりもの」（社員）との付き合い

会社の理念に基づいて採用した人材。

その人材は会社にとって、単なる〝戦力〟か？

その人材は会社にとって単なる〝組織の一員〟か？

そうではありません。会社にとって大切な仲間であり、志を共にする同志。一緒に成長していく存在です。

そして「人を採用する」ということは、相手の人生を左右することにもなります。

その会社で出会ったリーダーや先輩、同僚、そして経営者がどんな人であったかで、その人の人生は大きく変わります。

その会社が自分にどんなことをしてくれたか、何を教えてくれたかで、その人の人生も変わっていきます。

その会社でどれだけ成長できたかで、当然その後の人生も変わっていくでしょう。

1人の人間が、大切な人生の時間、人生の1ページを会社に捧げてくれているのであり、ある意味、「人生をかけて」自社にやってきた存在です。このことは、人口減少で働き先の選択肢がたくさんある「売り手市場」の今も、変わりません。


経営者は人材を「社会からの預かりもの」と捉えるべきなのです。


（人材を）「採る」ではなく、「預かる」。

それだけの責任が、経営者にはあるのです。

私はここで道徳論や理想論を語っているわけではありません。

「成長を続ける会社は人材をどう捉えるべきか？」を考え、実践し、さらに多くのクライアント企業を見てきた上で、この考え方が大切だと確信しているのです。

逆に人材に対して「社会からの預かりもの」という意識が希薄で、単なる人数合わせ、単なる働き手、数字の作り手として扱う会社で、会社側も人材側も不幸になる例を見てきました。

「成長を続ける企業」は、必ずと言っていいほど「人材が成長する正のスパイラル」を構築しています。

■理念に基づき、自社に合うよい人材を採用する
↓
■よい人材が定着する

まさにこれまでお話ししてきた流れです。さらに……

■定着してくれた人材が、実際の仕事を通じてより成長する
↓
■人材の成長により業績がアップし、会社全体が成長する

←

■会社に一層よい人材が集まる

採用↓定着↓成長↓会社の成長↓いい人材の採用

一見、当たり前の循環のように思われるでしょうが、この循環を忠実に回している会社は、実は意外と少ないように思うのです。

なぜか？　人材以外の問題……売上やマーケット、他社の動向など、いろいろな不安・検討要素がある中で、採用・定着・育成の取り組みがブレるからかもしれません。

「もっと人材と真剣に向かい合う」
「集まった仲間の人生を充実したものにする」

そのために、あなたの会社に来てくれた人材を「社会からの預かりもの」と捉えてみてはいかがでしょう。

「預かりものを預かる準備」はできているか？

突然ですが、組織づくりのテクニックとして「ハイタッチをする」ということをご存じですか？

上司と部下、先輩と後輩が毎日「やあ！」とばかりにあいさつ代わりにハイタッチを交わすというもの。

「ハイタッチをすると、相手の表情がよく見えるので、その時の調子なんかも分かるのでとてもいいよ」

実践している会社の経営者は、そう言います。

また、「サンクスカード」という制度を導入する会社もよくあります。

職場で社員同士が、あるいは上司が部下に感謝を伝えるための方法として、何かあったらカードに感謝の気持ちを書いて渡す。

「普段は言えないことも言えて、お互いに感謝する文化ができあがる」

これも実践している経営者は自信を持って言います。

ところが、こうした施策が長続きしない会社も多いのです。ハイタッチ、サンクスカード。もちろん悪い取り組みではなく、メリットも多々あります。

しかし、長続きしない。どうして続かないのか？

それは社員が「実践してくれないから」です。

悲しいかな、経営者がいくら張り切っても、あるいは実践することに評価が伴うとしても、社員にそうした習慣が定着しません。

経営者は次から次へと組織づくりのための新たな施策を考えるのですが、どれも続かない……。

そういう組織には、社員が会社の労働環境に不満を持っている、あるいは心理的安全性が低いなど隠れた要因が存在する場合があります。

労働環境については前パートでも少しだけ触れました。

正しい評価制度、適切な給与の支払い、残業時間、休暇、社会保険等「ブラック企業ではない、まっとうな会社」であるための環境。それが整っておらず、社員が不満を持ったままでは、どんなに素晴らしい習慣であっても続けることはできません。

「ハイタッチしたくなるようなハッピーな環境ではないのに、ハイタッチなんてできない」

「サンクスカードを書こうという気持ちになれない」

つまり、そういうことなのです。

さらに、「この会社なら安心して働ける。困った時も相談できる」という心理的安全性ももちろん必要です。**心理的安全性のない組織、本当に言いたいことが言えない組織では、どんなに定着の仕組みを実践しても、うまく機能しません。**社員旅行を企画しても、不参加の社員が続出したりするのです。

図表C　人材定着のフレームワーク2

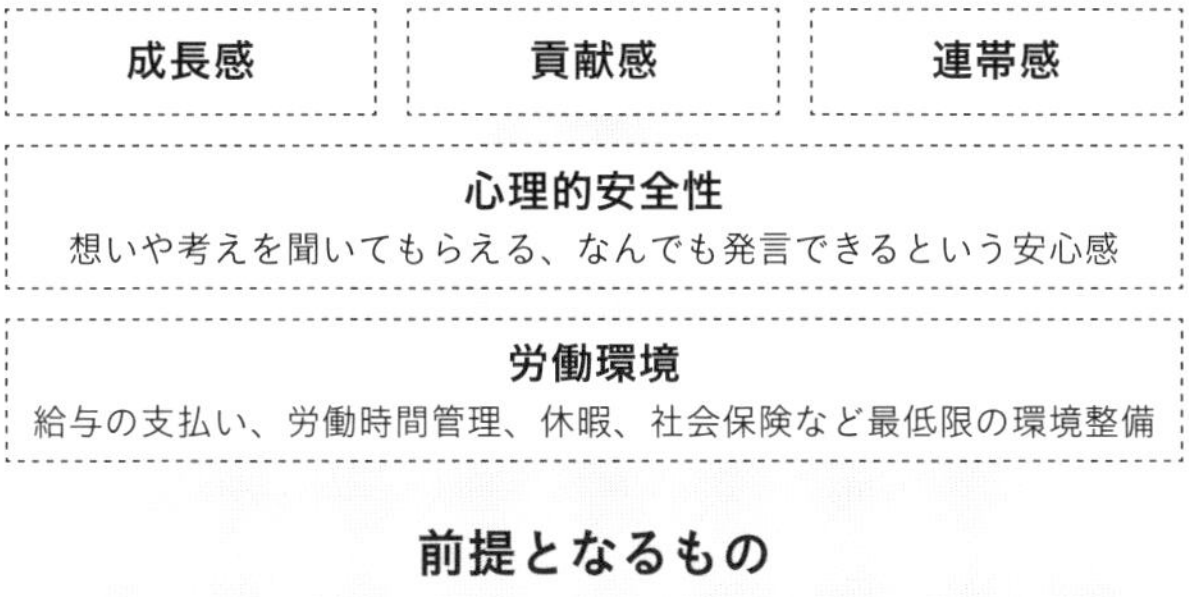

組織の前提条件となる労働環境。

職場での信頼関係のベースとなる心理的安全性。

この2つを見直し、整備することが、「社会からの預かりもの」を預かる準備といえるでしょう。

理念に共感する大切な人材を採用し、その人材の定着を図り、会社を成長させていくには、「人材が成長する環境」を整えなければなりません。

「甘やかし」ではなく成長を後押しする

「労働環境を整え、心理的安全性を確保する」

こうしたお話をすると、こんな反応をもらうこともあります。

「そうだね！　やはり社員は優しく接して大事にして、喜ばせないと！」

……**私たちの考えでは、これは半分正解で、半分間違いです。**

「社員に優しく」

そう考えるあまり、社員にはなるべく負担をかけない、厳しい指導は行わない、という接し方を通してしまう会社があります。

〝ブラック企業〟問題もあり、やたらと福利厚生を充実させたり、常に好待遇の給与ばかり気にしたり、あるいはやみくもに「仕事よりもプライベートを充実させるように」と促したり。

何とか〝ホワイト企業〟になることを志向するのです。

もちろん、ブラック企業は論外ですが、単に人材を「甘やかす」だけではホワイト企業とはいえず、人材の成長も見込めません。

「ああ、ミスしたのか。大丈夫。こっちで何とかしておくから」

「この仕事はちょっと難しいから、やらなくていいよ」

そんなふうに接してしまうわけですね。

「社会からの預かりもの」を預かった企業は、その預かりものを「成長させる」ことが預かりものに対する責任であり、それが会社を成長させるスパイラルの一部です。

「マズローの5段階欲求説」をご存じでしょうか。

アメリカの心理学者アブラハム・マズローによれば、人間の欲求には5段階あるといいます。

①食欲や睡眠欲、性欲という「生理的欲求」
②安全に暮らしたい、安定した生活がしたいという「安全欲求」
③1人でいたくない、何かに所属していたいという「社会的欲求」
④他人から認められたいという「承認欲求」

そして最後に来るのがこれです。

⑤自分にしかできないことがしたい、もっと成長したいという「自己実現欲求」。

成長を欲するのは、人間の自然の姿。ならばその成長を後押ししてあげることこそ、本当の意味で「社会からの預かりもの」を大事に扱うことです。

相手は「もっと成長したい」と願っているわけですから、大事に扱う。でもそれは単に優しくするだけではないということです。

「この環境（会社）に居ても、成長は見込めない」

そう感じた際にも、人は離れていってしまうものです。

人を大事にして、その成長にコミットメントするためには、時には負荷を与えたり、厳格に接したりするのは当然のことといえます。

ちなみにチームエルでも、新人には入社直後には「何冊もの課題図書を読んでレポートを書く」「1人で顧客向けのセミナーを開催する」「厳しい研修に合格しなければならない」など、いくつもの〝ハードな課題〟を課しています。


負荷のかかる仕事は代わりにやってあげる。課題があってもクリアしなくてもいい。

それは人材の成長機会を奪うだけの行為です。

親が子どもの算数ドリルを代わりにやってあげても、親が計算を思い出すだけ。子どもの学力が伸びるわけがないのです。それと同じです。


「社会からの預かりものは、成長させる責任がある」

これが重要なのです。

必要なのは人材の「成長」を評価する仕組み

人を採用し、その人に定着してもらい、その人が成長し、会社を成長させる。

このスパイラルから考えれば、人材への評価は相手の「成長度合い」にこそ重きを置くべきでしょう。

チームエルの評価制度は、次のような考え方を基に成り立っています。

「努力し、成長を希求する人材が評価（昇給・昇進昇格）される」

「成果を出した人材がより多くの給与を得られる」

評価されるべきは、成長したいと願い、そのために行動している人。その成果が出ることで、給与がアップするわけです。

「『仕事に対する姿勢』がよくなれば、スキル・結果は付いてくる」

「この前提に立って職務評価表を設計する」

リーダーが見るべきは、人材の仕事の結果に加えて、仕事に対する「姿勢」。どう仕事と向き合っているかという基準の下に、評価表が作られています。

「昇進昇格・降格基準を見直し、厳格に運用する」

基準は常に見直した上で運用します。

「コンサルタント職の業績給は、成果を生み出した人材に多く還元されるよう設計」

「また、コンサルタントとして『一流』になる道筋を示し、管理職以外のエキスパートの選択肢も設定するための『コンサルタントグレード制度』を導入する」

成長＝役職の昇格とは限りません。組織の「上」を目指すのではなく、自分のコンサルタントとしてプロフェッショナルを極めたいという人材には、役職が上がらなかったとしても、その〝腕〟が評価される。それが「コンサルタントグレード制度」です。

「企業家としてのより一層の成長やビジョンの実現に向けて、企業家支援制度（経営者への道）を設定する」

担当事業の分社化、新事業会社の立ち上げ、あるいは既存会社の経営者となる……。成長を果たした人材が「企業家」としての成長を志すことを支援し、実現に向けてのサポートをしていきます。

ここで着目してもらいたいのが、「コンサルタントグレード制度」です。

私たちはコンサルティング会社なので、一流のプロフェッショナルを目指すとなれば、それは一流のコンサルタントということになります。

コンサルタント職に限らず、一流のプロフェッショナルを目指すからといっても、マネジャー職に就くことを皆が目指すとは限りません。

「自分はプレイヤーとしてバリバリやっていきたい」

「もっと、この道を究めたい」

自身の成長をそう捉えることは、決して悪いことではありません。

そうした人材には、プレイヤーとして活躍し、その活躍ぶりを評価する制度も設定するのです。

この制度のヒントとなったのは、私たちの主なクライアントである自動車業界の「整備士」です。

整備士職の中には、いわゆる〝整備職人〟として成長していきたいという人も大勢います。誰もが「末は工場長」を目指すわけではないのです。そうした会社で有効なのが、チーフアドバイザー、テクニカルトレーナーなど、管理職ではないスペシャリティ制度。

同様にそんな人材とどう向き合っていくか？　その答えを適応させたのが、「コンサルタントグレード制度」というわけです。

ハイスピードで成長課題が見つかる評価基準

チームエルのコンサルタントの職務評価項目は、大きく分けて2つの要素で構成されています。

1. 仕事に対する姿勢

「規律正しさ」
「整理整頓・情報管理」
「ビジネスマナー」
「向上心・挑戦心・創意工夫」
「素直さ」

「相互理解」
「理性的行動」
「顧客満足と業績の両立」（営業職）

2. 業務遂行能力

「業務品質」
「資料作成」
「業務計画遂行」
「問題解決」
「情報知識」

各項目は細かく定義付けがされていて、「不適：1点」「不足：2点」「可：3点」「良：4点」「優（周りへのリーダーシップを発揮できているか）：5点」と、評価に点数が付けられ、トータルで100点満点となるように設定されています。

もちろんこれらの評価基準には定義があります。

「規律正しさ」の定義は「職場や社会の規則や会社の業務ルール、倫理規定、コンプライアンスなどを守る。さらに好ましい習慣を身に付ける」というもの。この評価基準「不適」は「規律、規則、設定したルール、倫理規定、コンプライアンス順守の意識はあるが、守れなかったり、注意されたりすることが多い」

「良」は「規律、規則、設定したルール、倫理規定、コンプライアンスの順守にとどまらず、好ましい習慣（納期前倒し、開始5分前集合〜準備完了など）を身に付けている」などです。

管理職になれば、当然この定義はさらにレベルアップされます。

これらの基準に則った評価を半期に1回。

評価するのは、自分自身（自己評価）と直属の上司の両者です。

評価の結果は役員会によってチェックされ、最終確定となります。

確定された内容は、個人面談で本人にフィードバックします（フィードバック面談）。

フィードバック面談には、自己評価のための「フィードバック面談シート」というツールが使われます。職務評価での前回の点数、今回の点数、そして次回目標点数、さらにその期の振り返りとして「できたこと、頑張ったこと」「できなかったこと」「次期の目標、実践すること」「自己研鑽テーマ、グレードアップ課題」、職務評価表への振り返りとして「今期伸ばす項目（能力要素）と行動」「点数の低い項目への改善行動」を書いてもらいます。

フィードバック面談シートは、最初のうちはなかなか書けないものですが、成長するにつれ、早く書けるようになります。つまり、自分が会社から求められていることは何か、自分の課題は何かが見えてくるのです。

ご想像がつくかと思いますが、この業務、本人も評価する側も、最初は大変です。単なる定量評価、何となくの雰囲気で付けられる評価であってはならないのです。

しかし、この細かい評価があるが故に、人材は自身の課題を早期に見つけ出し、成長テーマを設定できるので、ハイスピードで成長するわけです。

活躍、活動の「見える化」はできているか？
（月度表彰制度）

定量的（数字、目に見える業績）な評価だけでなく、日常的な、目立たないけれども頑張っている日々の活動にも着目したのが、月に一度の「月度表彰制度」です。

話は前後してしまいますが、この制度は、会社へのエンゲージメント、各人のモチベーションを高める人材の定着の仕組みとして、大きな効果があります。

まず、定量的な評価に基づき、優秀な業績を挙げた人に授与される賞があり、その他に2つの表彰項目があります。

前者が結果・数字にだけフォーカスした賞だとするならば、後者の2つはプロセスを称賛するための賞です。

2つの表彰項目……一つは会社の業績に直接寄与した、特出した活動を行った場合に授与される「優秀活動賞」。

そしてもう一つの賞が、間接的に会社に貢献してくれた人（例えば間接部門やパート、アルバイトなど）に授与される「優秀貢献賞」。

この2つの賞は、社員による他薦、あるいは自薦となっていて、表彰選出シートに候補者の名前と推薦理由を書き、全社員に提出してもらいます。

選定は多数決ではなく、幹部社員によって推薦の内容が精査されるのですが、普段、目に入ってこなかった各部門での人材の活躍が本当に多いことに驚かされます。

表彰式では、選出された表彰者の発表、賞状と金一封（数千円程度ですが……）の授与、受賞者からのコメントをもらい、拍手で称賛します。

この表彰制度の最大の効果は、社員の活躍、貢献活動の「見える化」による相互理解の深まりです。

少し小難しい言葉になりましたが、要するに「他の社員がどんな頑張りをしているか」

が分かるということです。

たとえコミュニケーションが良好である会社でも、誰もが常に一緒にいるわけではありません。経営者、幹部社員がすべての社員の動向を把握していられるかといえば、それは難しいでしょう。

また、同じ職場で働いていたとしても、他部門の活動はなかなか見えないものです。どんなに優秀なマネジャーであっても、自部門のことで精一杯、というケースは多いでしょう。

逆にいえば、同じ部門で一緒に活動しているからこそ分かる、自分だけが知っている他の人の活躍がある。

ふとしたときに先輩にもらったアドバイスが、自分の仕事に大いに役立った。

目立ってはいないけれど、いつも職場の環境に配慮して行動している人がいる。

そうした〝眠っている情報〟を全社に知らしめてもらうのが狙いです。

「彼はこんな努力をしていたんだ」

「彼女はいつもこんなことをしてくれているんだ」

そんな〝活躍のプロセス〟を把握できるのです。

優秀活動賞は、結果（業績アップ）を出していることが前提とされた賞ですが、他薦の内容によってその結果を出すまでのプロセスも浮き彫りになります。

そしてそれが「会社に表彰される」という事実によって、会社がプロセスを評価している、ということを認知してもらえるのです。

「結果を出すことはもちろん大切。しかしその結果に至るプロセスが大事」

よく言われることかも知れませんが、各人のプロセスを会社側が常に把握できるかといえば、そういうわけにはいきません。

だから、現場の声として「教えてもらう」わけです。

また、推薦の内容は、表彰式ですべて読み上げるようにしています。

表彰された人だけでなく、推薦された人、すべてについてです。

「○○さん、事務用品の在庫管理をして、どこに何があるのかを全部整理してくださっているおかげで、何かがなくて困るということがなく、いつも快適に仕事ができています。ありがとうございます。」

「□□さん、最初の研修から付きっきりでいろいろ教えていただきました。周りに多少なじめるまでは社内の人を繋いでくれ、ある程度慣れてくると見守るだけにしていただき、安心感がありました。研修中の私の話を受け入れ、肯定してくれるため、そこでも安心することができました」

例えばこんな推薦内容が上がってきます。それを毎回、読み上げるわけです。

たとえ表彰はされなかったとしても、当人の活動、貢献ぶりが全社に知らしめられることとなり、おのずとモチベーションもアップします。

自分の活動が誰かから評価され、感謝されているんだという実感は、心に響くのです。

そして、こうした推薦内容を目にすることは、理念に基づき会社をつくってきた経営者にとって、かなりぐっとくるうれしい瞬間なのではないでしょうか。

「集合天才」という成長の風土

チームエルが大切にし、日々意識している概念に「集合天才」というものがあります。


【集合天才】

一人の知識、一人の時間、一人の力は無力である。

私達は、個人の経験を全体のものとし、全体の力を個人に結集して、創造的活動を行う集合天才となろう。


こうした書き出しでチームエルの「スピリッツマニュアル」に明記されているものです。

簡単に言ってしまえば、集合天才とは、組織の一人ひとりの才能、知識、経験を集結させることでより良い結果を出そう、というものです。

一人ひとりが、自分の力だけで何もかもやるという考え方を捨てる。
「自分一人の力でできる」という水準を目標とする考え方を捨てる。

一人ひとりの力は大きなことを成すには無力。でも、「個人の経験を全体のものとして、全体の経験を個人に結集する」というやり方で事に当たれば、天才以上のことも成し遂げられる。

一人の力でできることはたかがしれている。それでは世の中でとても価値ある存在にはなり得ない。

個々の専門分野を持った人間が自分の経験を人に教え、他人の経験を教えてもらい、一人ひとりの経験を全体の経験にしていく。

100人いれば、自分は「100人分の経験」と「100人分の知識」を持って仕事をできる。そうすれば、素晴らしいことが実現できる。

これが集合天才の考え方です。

あくまでも「天才の集合」ではありません。「（凡人が）集合して天才になる」わけです。

前述の「表彰制度」も、全社で各人材のノウハウを共有する「集合天才」づくりのトリガーとして機能するものです。

個人の暗黙知に焦点を当てることにより、組織の共有財産になる。

ノウハウが蓄積されていく。

才能を、知識を、経験を抱え込むのではなく、組織で共有して同じゴールを目指す。

これが理念に基づいて集まった仲間の姿であり、強い会社でいるための大きな武器になるのだと私たちは考えます。

集合天才が共有する才能、知識、経験は、社内に限ったわけではありません。

取引先、クライアント企業、あるいは家族や友人など、一人ひとりのバックボーンの持つ知見を組織に集結することで、その組織は計り知れない力を持つことになります。

何よりも、「集合天才」を志すことで、人材は大きく成長します。

前パートでお話しした「定着」のためのさまざまな仕組み。

なぜ人材が定着するのか？

それは究極的にいえば、「この会社にいれば、自分はもっと成長できる」ということが分かるからでしょう。

すべては「集合天才」に帰結するのです。

人材をみるみる成長させる「顧客起点思考」

「会社の理念を定める」
「理念に基づいた人材採用を行う」
「人材を成長させる事が会社の成長となる」

これまでお話ししてきたことは、言ってみれば会社づくりの「手段」です。

では、会社づくりの「本質」とは何か？

私たちはそれを「企業文化の創造」であると考えます。

言い換えれば「社員にとってやりがいのある会社」を創ること。

さらに言えば、「社員が仕事を楽しめる会社」を創ることです。

では、どんなことが「楽しい仕事」になるのか？

当然、人の価値観はさまざまですから、何が楽しいか？　何がやりがいになるかは人それぞれでしょう。

ただ、誰もが楽しさ、喜びと感じる要素もあります。

それは「人に喜んでもらい、感謝されること」。

業種や業態、あるいは企業における直接部門、間接部門の違いは関係なく、とにかく「他者から喜びと感謝をもらうこと」は、働く人にとって大きなモチベーションとなるのです。


そこで、仕事を楽しめる会社を創るには、「喜びと感謝をもらうこと」を第一に優先する企業文化を創出することが大切です。

私たちでいえば、誰から喜びと感謝をもらうべきかといえば、それは「顧客」です。

「お客様に全力を尽くす」ことで、喜びと感謝をもらう。

喜びと感謝をもらうことで、「もっと役に立ちたい！」と仕事のモチベーションがアップする。

なぜモチベーションがアップするのか？

それは、喜びと感謝をもらうことは「楽しいから」です。

「もっと役に立ちたい」の思いは、仕事に対する、より一層の創意工夫を生みます。

間接部門でも同様です。会社に「もっとお客様の役に立ちたい！」という文化があれば、その活動を後押しする創意工夫をこらすでしょう。


「お客様に全力を尽くす」

ここを起点とすることで、「もっと、もっと先へ」のスパイラルが生まれます。

私たちはこれを「顧客起点思考」と呼び、大切な企業文化としています。


さらに簡潔にまとめます。

誰もが仕事に対して「楽しさ」を覚えるのは、他者から「ありがとう」をもらえることだ、という事実。

ビジネスにおいて、もちろん利益の追求は大切なことです。

しかし、それだけでは楽しくない。

楽しくなければ、人は仕事にやりがいを感じない。

好待遇、好条件、あるいは充実した福利厚生ももちろん大切ですが、「ありがとう」を追求する文化を持つ組織こそ、人材をより早く成長に導く。

結果、より強い会社が出来上がるのです。

本書の参考文献

『7つの習慣』

（スティーブン・R・コヴィー著、フランクリン・コヴィー・ジャパン訳　キングベアー出版、2020年）

困難にぶつかった時、自分に矢印を向け「影響の輪」に集中することで道を切り拓いていく。当社の経営理念にある「主体性」や「Win－Win」の考え方の基礎となった文献。テクニック主義ではなく「人格主義」が幸せな人生を創造し、それが周囲に広がって皆が良くなっていくという真理を説いている。


『サービスが伝説になる時、真実の瞬間』

（ベッツィ・サンダース著、和田正春訳　ダイヤモンド社、2014年）

素晴らしい企業文化の構成要素である「顧客起点思考」を実践している一流企業の事例が盛り込まれている。企業の価値はお客様との接点の瞬間に生まれるという真実をリアリティをもって理解できる。経営者のみならず、すべてのビジネスマンにお勧めの書籍。


『ビジョナリーカンパニー2　飛躍の法則』

（ジム・コリンズ著、山岡洋一訳　日経BP、2001年）

持続的に成長する企業の成功の法則を読み解いた名著。企業経営に必要なのは「カリスマリーダー」ではなく、実直に経営に取り組む「第5水準のリーダーシップ」であると説く。成長を続ける企業文化の在り方と、理念経営の真髄を解き明かしてくれる。当社の経営方針のバイブル。


『「壊れ窓理論」の経営学』

（レヴィン・マイケル著、佐藤桂訳　光文社、2006年）

規律ある企業文化を創る要諦は「些細なほころびを見逃さない」こと。「蟻の穴から堤も崩れる」という言葉の通り、些細な問題が大きな問題を引き起こす。マネジメントに携わる方は一度は読んでおきたい書籍。


【以下、社員向け研修で用いている書籍】


『ザ・ファシリテーター』

（森時彦著　ダイヤモンド社、2004年）

組織構成員がお互いの相互作用でより高い目標を目指し、達成していく過程を物語で描いており、とても読みやすい。ファシリテーション技術がふんだんに盛り込まれ、解説されていることでとても役立つ実践的な書籍。ファシリテーション技術だけでなく、自ら考えて行動する組織を創り上げていくチームビルディングの名著でもある。


『さあ、才能（じぶん）に目覚めよう』

（ジム・クリフトン、ギャラップ著、古屋博子訳　日本経済新聞出版、2023年）

「弱み」では何も成すことはできない。自分の「強み」を見出し、それを生かすことが成長につながる。自分がこれまで知らなかった自分の強みを知ることができ、これからの自分の活躍の領域や成長の方向性を見出すことができる稀有な書籍。


『売れる会社のすごい仕組み』

（佐藤義典著　青春出版社、２００９年）

世の中に出回っているさまざまな戦略理論やマーケティング理論を独自の視点で分かりやすく整理しており、この領域が初めての方でも非常に理解しやすい。飲食店の成長物語が読みやすく理解が進む。規模の大小に関わらず、経営企画、商品開発や営業戦略に携わるすべての方にお勧めの一冊。


『新版　図解・問題解決入門』

（佐藤允一著　ダイヤモンド社、２００３年）

ビジネスパーソンとして今や必須スキルとなっている「問題解決力」。この基礎的な考え方を具体的事例を使って分かりやすく解説しており、問題解決スキルを見直したい方、初めて問題解決スキル向上に取り組みたい方にお勧め。何度も再読して自分の血肉としたい書籍。


『新　１分間リーダーシップ』

（ケン・ブランチャード、パトリシア・ジガーミ、ドリア・ジガーミ著、田辺希久子訳　ダイヤモンド社、２０１５年）

「自分にはどのようなリーダーシップスタイルが合うのか」ではなく、「相手にとって自分はどのようなリーダーシップを取るべきか」という問いを立てるところから始まる。相手のスキルレベルやモチベーションレベルに応じて自身のリーダーシップスタイルを選択することで相手の成長を促進するという「状況対応型リーダーシップ」を説いた名著。マネジメントに携わる方にはぜひとも読みたい書籍。

【以下、幹部向け研修で用いている書籍】

『意思決定のための「分析の技術」』

（後正武著　ダイヤモンド社、１９９８年）

管理職の仕事は意思決定の連続。感覚や経験値、勘ピューターではなく、事実を踏まえた論理的な意思決定の方法を事例用いて分かりやすく解説している。上級管理職や経営に携わる方にお勧めの一冊。

『両利きの経営（増補改訂版）』

（チャールズ・Ａ・オライリー、マイケル・Ｌ・タッシュマン著、入山章栄監訳、冨山和彦解説、渡部典子訳　東洋経済新報社、２０２２年）

シリコンバレーの事例を基に、イノベーションを生み出す組織の作り方を解説。組織内でイノベーションを起こそうとしても、組織の理論や前例主義などでなかなか進まない、イノベーションの芽が摘まれてしまう、組織に停滞感、膠着感があるといった企業の経営に携わる方にお勧めの一冊。イノベーションを生み出す組織の作り方を理論と実例で分かりやすく解説している。

インタビュー

チームエルの人材戦略で
組織を変えた
「仕組みづくり」

理念に対する「行動」は明確か

茨城県　小野瀬自動車株式会社
代表取締役社長　小野瀬征也氏

大学卒業後、大手証券会社やリクルートに勤めていたのですが、２０１６年、実家である小野瀬自動車を継ぐことになりました。

社長に就任した当初は、ホントに「よし！　やってやるぞ！」という気持ちで燃えていました。でも社員は結構な不安も抱えていたと思いますね。

自分は燃えているんだけど、その思いがなかなか社員に伝わらない。例えばこれまでの同じ会社の同僚と話している感じとは、もちろん違うわけです。仕事への温度感や目指しているものも違う中で、共有できる言語、共有できるモノサシがないので大変でした。

そこで必要だったのが「理念」です。

理念の大切さについては、チームエルと出会う前から何となくは知っていたんですが、いざ経営者になってみると、本当にそれを実感することになりました。

私が会社を継いだことで社内の体制も大きく変わり、辞めていく人も多数いました。先代の頃からのベテランだけでなく、同世代の若い社員も、です。

「もっと寄り添ってほしかった」

ある辞めた社員からそう言われたときはとてもショックでした。私としては、一緒に現場で仲良く頑張っていたつもりだったのです。

「何を信じて経営を進めていけば良いのか分からない」

「自分がこの会社の社長である必要はないのではないか」

そんな思いにもなりました。

「明確な理念が必要」

そこで手助けしてくれたのがチームエルです。

最初はキレイな、立派な言葉を並べようとしたのですが、やはりそれでは自分に対しても響かない。「なんでこれを（経営で）実現したいのか？」カッコ悪くても本当に自分の内側から出てくる経営への思いをようやく文章に出来たときに、本当に涙が出るような気持ちになりました。

そしてそれを社内に浸透させるためには、理念に対する「行動」を明確にすることが大事です。ウチもチームエル同様、その理念が「どういうことなのか」「日常の業務でどんな行動をすればいいのか」というマニュアルが存在します。

また、年に2回、「経営理念体現賞」という賞を設けて、社員を表彰しています。業績ではなくて、あくまでも理念に沿った行動をした人を称えるんです。

マニュアルや表彰といった仕組みを設ける事によって、「この社長は何を大切にしているんだ?」が分かってもらえるようになります。朝礼の一言スピーチで理念について語ってもらったりもするんですが、みんなのその言葉を聞いていると本当に嬉しくなりますね。


さらに、月に1回の全体会議で行っている「グッドジョブ共有」も、理念の浸透、文化づくりに大きな効果を発揮していると思います。

幹部メンバーが週次で、その週に起きたグッドジョブ(いい仕事)を提出します。「店舗に落ちていたゴミを○○さんがサッと拾ってくれました」とか、そんな些細なことです。でも、これを全体で共有すること、やり続けることで、みんなに「ああ、上司(会社)はこういうところまで見てくれているんだ」という循環が生まれるんです。上司側にもまた、人材の〝良いところ〟にフォーカスする習慣ができる。人材の長所を伸ばし、尊重する集合天才の文化もできるんです。

人材採用の際も、理念については一番話します。「これ（理念）に合わないようであれば、入社しない方がいいかもしれません」とハッキリ言います。それでも入社後に辞めてしまう人もいる。そんな際でも、以前ならば懸命に引き留めていたかもしれません。でも今は、「理念に合わないなら、仕方がない」と思えるようになりました。これは他の社員も同様に思ってくれていることでしょう。

理念に従った経営を全員で行う。これって、本当に〝止まっていた弾み車がグルグル回り始める〟という感覚です。

振り返ると、売上は5倍。社員も倍増しました。経営者が変わることで、幹部が変わり、現場が変わる。組織が変わる。そして収益も上がる。経営者にとって本当にすごい喜びです。

大切なのは「自分たちのゴール」

新潟県　株式会社ナカノオート
代表取締役　中野澄氏

アメリカに留学してアートを学んでいたので、家業である今の会社に入社した当時は車のことがまったく分かりませんでした。先輩社員に「あの車って、日産の『マツダ』ですか？」と聞いたのは伝説になっています。

社長に就任した際も、どうやって車を売っていったらいいのかも全然分からなかった。目の前の仕事に対してはガムシャラにやっているつもりなんだけど、数字がついてこない。それに、そもそも経営者の役割も自分でよく分かっていなかったんだと思います。何をやってもカラ回りしているような感じがして、イライラ、ストレスが溜まっていきました。

そんなときに出会ったのがチームエルです。

病に倒れた先代からバトンタッチしたわけですが、そのタイミングでチームエルの「オーナー研修」を受け、組織の診断をしてもらいました。その結果が……良くなかったんですね。自分ではそんなつもりはまるでなかったんですが、「社員から信頼されていない」「社員との距離がある」とか。もう、泣けてきましたね。

先代はそれこそ立派な理念を掲げていて、その理念を本にもしていた。「先代がどういう想いで会社をみていたか、人材をみていたか」

それを一度しっかり知らなければならない。〝先代の目を自分の中に入れて〟会社をみようと思ったんです。先代が築いたナカノオートが存在する限り大事にしなければならない企業理念、そして私の代が目指すべき経営理念。この2つをしっかり定めようとしました。

先代と対話を重ね、また先代が一時退院した際には雑誌社に依頼してインタビューをしてもらい、その文字起こしを自分なりに編集して一冊の本にしたり（その本を本人に手渡した1週間後に先代は亡くなりました）。

こうした理念づくりの作業の中で、自分にスイッチが入りました。これは自分だけの問題ではない。次の代にも伝えていかなければならないことだ、と。社員と共有して大事にしていかなければならないものなんだ、と。

実は以前は離職率も結構高かったんです。入社1年未満で辞めてしまう人材も珍しくはなかったんですが、経営理念をアピールし、理念に合った人材を採用できるようになってからは、離職も本当に少なくなっています。

採用活動に関しては担当の幹部社員に一任しているんですが、「自身の成長に興味のある人を採用してほしい」という話はしていますね。

理念の話は当然するのですが、そもそも理念に「共感」してくれることと、理念を「実感」することには、結構な距離があると思うんです。

「おお、ナカノオートの理念って、やっぱいいじゃん」。社員にそう思ってもらえて、実際に行動を起こしてもらうまでには、時間も必要だし、仕組みも必要です。ウチでも表彰制度や若手社員が企画する社内での「遊び」には力を入れています。業績の部分だけではないさまざまな表彰や各種イベントなど、自社の理念を実感できる機会を増やしていくことがとても大事ですね。

ウチの若手社員の会とチームエルの若手社員の会とで交流を持たせてもらったこともあります。

結果的には、チームエルの営業支援なども受け、過去最高益を更新。先代からの悲願だった県下有数の大型拠点への移転も実現しました。

「明日のくらしをもっと幸せにできる〝家族〟を増やそう」

これがナカノオートの企業理念です。

そしてこの経営理念を達成するため過程の「道標」ともいえる、経営理念はこれ。

「〝家族〟の『クルマごと』もっと自由に」

ここでいう「自由」には、お客様のみならず、自分たちももっと自由であるべきだ、という思いがあります。

例えば販売台数の競い合いだとか、売上だけだとかの「誰かのゴール」に引っ張られて社員が疲弊していくのはおかしいことだと思いますし、もちろんお客様は大切ですが、もっと自分たちの自由を追求する、自分たちのゴールを大切にすることが、経営には必要だと思うんです。

経営陣は「歩く理念」にならなければいけない

島根県　株式会社オートライフビュー
代表取締役社長　日野星也氏

チームエルとの出会いは2016年。東京で学生だった私が地元・島根に戻り父の経営する今の会社に入り、しばらくして、チームエルと出会いました。

当社の主力事業である車の営業部門を任された自分でしたが、当初は組織がうまく回らないということで大いに悩んでいました。ベテランの社員がどんどん離職してしまう事態にも見舞われ、社内は本当にバタついていましたね。

業績は何とか伸びていたんだけど、〝なぜか〟人がどんどん辞めていってしまう。

社員と向き合えているつもりだったけど、それができていなかったんでしょうね。業績が伸びて経営陣はうれしい。ところが一方で、社員は疲弊するばかり、ということに気付けていませんでした。

このままではいけない、何かしなければならない、という思いはあったのですが、実際に何をしていいか分からない。

そこで手を差し伸べてくれたのが、チームエルでした。

創業以来、会社として経営理念というものは大切にしてきたつもりでした。朝礼などでも折に触れて理念の大事さを話したりもしてきました。

でも、それをどう行動に落としていけばいいのかということが、社員のみんなには伝わっていなかったのだと思います。

チームエルのオーナー研修に参加した際にすごく印象的だったのは、「あなたは理念に忠誠を誓えていますか？」という質問をされたことです。実はその場ではすぐに答えることができませんでした。

当時の私は幹部社員ではあっても社長ではない。だからといって自分が理念を体現できていなければ、下の社員がどう行動すればいいか分からないのは当然でしょう。

「歩く理念」になれなければ、と思いましたね。

まず自分が理念からブレない。理念とは何かと聞かれたらすぐに自分の言葉で答えることができなければ、理想の人材育成も人材の評価も叶いません。

ウチもチームエルと同じように理念を解説した冊子を制作しているのですが、これを元にいくらでも熱く語ることができなければダメだと思います。

社員にも「私が理念に背いているような行動をしていたら、いつでもすぐに指摘してほしい」と伝えています。

採用の際も、「ウチの理念に合わない人とは、残念だけれど一緒に働くことはできない」というのが社内共通の価値観になっています。以前は「それ（理念）は大切だけど、人手不足で大変だからね」と妥協するケースもありました。でもそうして採用した人材はすぐに辞めてしまったり、考えが合わずギクシャクしたり。

逆に今一緒に頑張ってくれている社員は、理念に従って採用した人ばかりです。入社後に互いがギャップを感じることもありませんでした。採用の段階で互いが互いをしっかり見極めることは本当に大事ですね。

採用の入口は地元の高校からの紹介などもあるのですが、就職担当の先生にも理念については深く説明していますから、向こうから「この生徒は御社の社風にはちょっと合わないかもしれない」なんて申し出もあったりします。理念に従った採用をしていると、自然と理念に合った人が集まるような感じがするんですよね。

知識やスキルは、後からいくらでもついてくる。それよりも大事なのは、ウチの場合、とにかく「人に喜んでもらいたい」という気持ちの持ち主かどうかということなんです。

こうしたことを重視する大切さを、チームエルから教えてもらいましたね。

振り返ってみると、あれから7年、営業部門の利益は倍増しました。

ウチでは年に1回、お客様への「感謝祭」を2日間開催していますが、そこでは「お客様に喜んでいただく」が何よりの目的です。あえて商談などもしません。企画からすべて自社の社員が取り仕切り、お客様に喜んでもらえるアイデアを実行しています。「人を喜ばせることは、こんなに楽しいんだ」っていう思いを、社員に実感してもらいたいんです。

おかげさまで地方の田舎町ですが、来訪者は2日間で1700人を超えています。

「メチャクチャ疲れるけど、メチャクチャ楽しいよね」

社員からそう言われるのが、本当にうれしいですね。

「本気の想い」も、伝わらなければ意味がない

富山県　株式会社ジースリー
代表取締役　杉木徳貴氏

若い人材の採用、定着を何とかしていきたい。その問題に向き合う際には、チームエルのいう「企業の文化づくり」が非常に大事なんだということを、すごく実感しています。チームエルと出会う前は、財務のことでもいろいろ悩みを抱えていましたが、まず何と言っても頭を痛めていたのは「人（人材）の問題」。

もうとにかく、しょっちゅう人が辞めていくんですよ！　辞めていく人からは「こんな会社、考えられない！」「やってられるか！」なんてひどい捨てゼリフを浴びせられたりしたこともありました。

私自身、元々は鈑金塗装の職人をやっていた人間です。以前は経営のこと、マネジメン

トのことなんて気にしたこともなかった。職人としての〝自分の腕（技術）一本〟が仕事のすべてだったんです。「なんですぐに人が辞めていくんだろう」「なぜ定着しないんだろう」と考えても、何をすればいいかがまったく分からなかったですね。

そこで自分なりに勉強して、「そうか、会社には『理念』というものが必要なんだ」ということは知りました。それで経営理念というものを作ってみたんですが、実はそれは他の会社をマネしたようなキレイな言葉だけのもので、今思えば「理念があるフリ」をしただけだったんですね。そんな理念をいくら社員に語ったところで、誰も共感なんかしてくれない。どんどん人は辞めていく……。

そんな状況でチームエルと出会い、そもそも「人を雇用する」ってどういうことか？「自分は何のために会社を経営しているのか？」という深いところまで考えるきっかけをもらい、ハッとしたわけです。

「人材をもっと大切にしなければならない」。とはいえ、ただ優しく扱っていただけでは、人は辞めていきました。必要なのは「本気の理念」だったんです。自分の本気の想いが伝わらないと、理念の意味はないと思いました。

そして、理念、自分の本気の想いを伝えるために絶対必要なのが、「仕組み」です。人材に関する仕組みが理念を無視したものだったら、想いは相手に伝わらないわけです。人材を成長させるための育成の仕組み、評価制度、表彰制度等、それらがどう理念とリンクしているかを社員に語ることで、社員から「こんなに丁寧に説明してくれてありがとう！」という言葉をもらえるようになるんです。

逆にいえば、それまでは社員に「苦しみ」しか与えていなかったのかもしれない。だからありがとうなんて、もらえるはずはなかったんですね。

例えば朝礼や会議などで「我が社の理念を唱和しましょう」という会社もよくありますよね。実はウチでもそういうことはやっていたんです。でも、それだけでは「本気の想い」が伝わらない。そこで、そういう場合は「理念について、どんなことをしているか？」という発表をする場に切り替えたんです。どんな行動が会社に喜ばれるのか？　それを社員みんなが考えることで、理念はものすごく浸透するようになりました。

採用に関しても、地元の学校の採用担当の先生には、理念の話しかしていません。「私しくなる。人生が本当に楽しい」と言ってくれます。

組織の人間関係が深まり、心理的安全性が高まることでビジネスパーソンとして成長していった人材の例は、他にもいくつもあります。

この喜びを、あなたにもぜひ知っていただきたいのです。


そして、本書をお読みになり、その内容を実践することで素晴らしいチームを作り上げたあなたが目指すべき次のフェーズがあります。

それは言ってみれば「あなたがいなくても、どんどんステキな会社に成長していく組織」を作ること。

経営者と同じように人材を「社会からの預かりもの」と捉え、人材の育成・成長に強い使命感を持ち、また人材に使命感や仕事の喜びを与えることができる……そんな幹部、そんな存在を組織に生み出すことです。

このような存在を、私たちチームエルは「エンゲージド・リーダー®」(Engaged Leader)と呼びます。

覚悟や使命感、自身の成長欲求などの人間力、業務計画立案、戦略遂行／マネジメントなどの実務力、そして人材育成の能力を兼ね備えたエンゲージド・リーダー。

そしてその存在こそが、企業の、ひいては日本の経済を牽引していくのではないかと考え、多くの中小企業にその存在を生み出すお手伝いをすることを、私たちは目指しています。


私たちの大切な理念のひとつである「誠実」。

お客様に、仲間に、そして社会に対して誠実に向き合うことで、誰かの役に立つ喜びを知ることができます。

お客様から、あるいは仲間からの「ありがとう」は、大きな成長のエネルギーです。これを一人のビジネスパーソンの思いや行動だけではなく、組織として実践していこうというのが、私たちの考える理念経営の姿です。

あなたの会社にも、大きな成長と大きな喜びが訪れますように。

堀越　勝格

２０２５年２月

著者プロフィール

堀越勝格（Horikoshi Katsunori）

株式会社チームエル　代表取締役

トヨタ系販売会社、市場調査会社等の経験を経て2002年大手経営コンサルタント会社入社。自動車業界の事業部門に配属後、業界企業の経営から現場改善までの実践的なコンサルティングを展開。2012年、自動車業界専門コンサルティング会社である株式会社カービジネス研究所（現：株式会社チームエル）を設立、代表取締役に就任。2020年、業界を問わず世の中のいい会社を創りたい経営者を支援すべく、社名を「株式会社チームエル」に変更。専門分野は各業界の動向を読み解いた経営コンセプトの開発、戦略設計と運用支援、組織開発・採用支援から財務体質強化まで。豊富な実務経験と経営理論をもとに、多岐に亘るテーマのコンサルティングを行う。人が好き。社員とお客様が大好き。

江蔵直子（Ezou Naoko）

株式会社チームエル　人事担当シニアマネージャー

採用を10年以上担当。採用担当社内公募の際「社内で1番会社のことが好きで、自社の魅力を伝えられる自信があります」と手を挙げ、採用ノウハウを開発。自社の採用基準をいちから見直し、より効果的な採用フロー、面接の在り方をつくりあげる。

内定者の入社率は100％。「この会社に入社したい」と強く思われる面接力と人を見る目は、社内でも随一。採用後の定着率を高めるための制度も設計し、役員・幹部をまきこんで社内の仕組みを確立し、自身も新入社員教育を担当。さらには、外部セミナー講師や執筆、イベント企画などマルチな才能を発揮。上司にも後輩にも分け隔てなく指導・意見する使命感と、社員とお客様へのあふれる愛情が持ち味。

矢澤知哉（Yazawa Tomoya）

株式会社チームエル　経営支援本部 企業文化事業開発チームセクションマネージャー

大学卒業後、カナダへ留学。現地での経験や、他者の力になりたいという想いからコンサルタントを志しチームエルに入社、コンサルティング部門に所属。労務環境整備、人事評価制度の開発から運用支援、幹部教育など、コンサルティング支援のプロジェクトリーダーとして活躍。前向きさとひたむきさ、高いコンセプチャルスキルと柔和な人柄で、クライアント企業から、経営者のみならず、従業員からも厚い信頼を得ている。社内では若手コンサルタントを集めた「而立会（じりつかい）」を立ち上げ、リーダーを歴任するなど、同僚コンサルタントや後輩からの信頼も厚い。社内表彰の常連でもある、さわやかなトップコンサルタント。

人《ひと》が育《そだ》つ会《かい》社《しゃ》、育《そだ》たない会《かい》社《しゃ》
顧《こ》客《きゃく》起《き》点《てん》思《し》考《こう》　集《しゅう》合《ごう》天《てん》才《さい》　理《り》念《ねん》経《けい》営《えい》

2025年3月27日　初版発行

著　者　　堀越 勝格　江蔵 直子　矢澤 知哉
発行者　　武部 隆
発行所　　株式会社時事通信ブランドスタジオ
発　売　　株式会社時事通信社
〒104-8178　東京都中央区銀座 5-15-8
電話 03(5565)2155　https://bookpub.jiji.com/

監修　徳本 昌大
編集協力　中西 謡
ブックデザイン　山之口 正和＋永井 里実＋高橋 さくら（OKIKATA）
組版DTP　マーリンクレイン
校正　溝口 恵子
編集担当　坂本 建一郎
印刷／製本　吉原印刷株式会社

ISBN978-4-7887-2014-5　C0034　Printed in Japan
落丁・乱丁はお取り替えいたします。定価はカバーに表示してあります。
★本書のご感想をお寄せください。宛先は mbook@book.jiji.com